AF276636

JUSTO BUENO PÉREZ

UNA VIDA CARGADA DE ILUSIONES Y TROPIEZOS:

JUSTO BUENO PÉREZ (1907-1944) Y SU COMPAÑERA, FLORENCIA GRACIA MONTALBÁN

Barcelona, marzo 2025

Diseño y maquetación: El Lokal.
Fotografía: Manel Aisa

Licencia:
Esta obra esta bajo licencia Reconocimiento -
No Comercial - Sin Obra Derivada 3.0 de Creative Commons

Edición:
Associació Cultural El Raval «El Lokal»
C/ de la Cera, 1 bis, 08001 Barcelona
ellokal@ellokal.org
www.ellokal.org

ISBN: 978-84-129508-2-3
Depósito legal: B 7226-2025

Impresión: Estugraf impresores S.L.
C/ Pino, 5, 28350 Ciempozuelos, Madrid

A todas las personas que nacieron y vivieron en las calles Cadena y Robador de Barcelona durante la dictadura franquista, a los compañeros de El Lokal, a Gabriela Cladera, a Janot y a la gente de La Base.

ÍNDEX

PRÓLOGO

Ser o sentirse anarquista hoy en día no es ninguna panacea ni, por supuesto, ninguna ganga. Desde que tomé conciencia, empecé a formarme en el terreno de las ideologías. Esto fue poco más o menos con la muerte del dictador, en esa generación que, como dice Pepe Ribas: «Fue una generación de locos que fue capaz de romper y que rompió muchos tabús y muchos prejuicios quedaron atrás». Y sí, todos esos tabús quedaron atrás en aquel nuevo hacer en libertad, tal como esta debe entenderse, pero el Estado se encargó enseguida de reglamentar de nuevo la libertad, que quedó diluida y en el recuerdo de algunos. Tuvimos tiempo, aun así, de despejar el camino, interiorizar instantes y recoger el sueño en el que, realmente, estaba todo de nuevo por hacer. Y en eso estábamos cuando llegó el engaño para que nada cambiase. Como suele decirse: todo estaba atado y bien atado.

Durante todos aquellos años en que milité en los colectivos libertarios y en la CNT, que tanto llegué a querer, conocí a un buen puñado de los viejos soñadores de la revolución del 36, y, casi sin darme cuenta, me uní a ellos y me enfangué en su historia. Aprendí en silencio sin apenas objetar nada, escuchando el discurso de unos y otros, mientras esperaba que algún día aparecieran las fotos que me hice con la gente del Living Theatre, que nunca aparecieron, mientras por las Ramblas en 1977 gritábamos: «Ha salido la Soli, el hacha de la burguesía».

Pero después de tantos años, cuando ya empiezo a ser invisible, cuando el mundo que me rodea nada tiene que ver con el sueño revolucionario del 36 y ni tan siquiera con el de nuestra primavera del 77 allí en el parque Güell, momento en que nos creímos los herederos de la razón y de la conciencia libre, mis razones ya son otras. Observo a mi alrededor y las traiciones están aquí, no a la vuelta de la esquina, sino aquí, entre los seres más queridos; pero habrá que volver a empezar aun con las espinas clavadas muy cerca del corazón, corazón del que no borbotea la sangre, que todavía hierve, mientras espero que la sinrazón se diluya y que el monstruo desaparezca de entre nosotros, para que vuelva a fluir aquel discurso que nos llegó a contagiar y volvamos a tener la autoestima que nos transmitieron muchos de los nuestros, con la pasión de aprender de cada uno de ellos. Veo que por el momento habrá que esperar, ya llegarán tiempos mejores en los que ganemos alguna batalla, en los que volvamos a rodar por esos caminos y podamos escuchar y conversar para entender qué nos está pasando. Pero, por el momento, que en invierno haga frío de nuevo y que las flores broten realmente en primavera, pues, en fin, veo que el discurso está desorientado y hace falta volver a reconducirlo a su sendero. Mientras tanto, sigamos con ojo avizor, que mal de siglos nos amparan.

En un momento en que los colegas te apuñalan por tener una opinión diferente o porque se sienten superiores, quizás por ser un «analfabeto universitario», y aquellos en la otra orilla te miran y no te tienen en cuenta para nada, cuando las palabras son vacías, no hay ningún tipo de reflexión, las cosas siguen como una apisonadora que lo devora todo, y si el planeta se va a la mierda, que se vaya, un momento en que todo debe ser facha, de derechas, y que pisar al más débil está bien visto; ahora, cuando lo que hace poco tiempo era impensable resulta posible, es necesario que seamos conscientes de que mientras tengamos algo de energía tenemos la responsabilidad de no mirar para el otro lado, como algunos sorprendentemente hacen. Y, por difícil que parezca, de nuevo y de una vez por todas tenemos que ser capaces de hacer lo increíble, para después no tener que encontrarnos con lo impensable.

AÑOS DE ASENTAMIENTO EN BARCELONA

A veces basta una canción para llegar a entender muchas otras cosas, sobre todo cuando hablamos de los pueblos y de las personas sencillas que los habitan. Personas, muchas, que para salir adelante no tienen más remedio que recorrer un camino angosto, nada fácil, lleno de penurias y contradicciones, que es el de abandonar su tierra: la tierra que uno ama, allí donde nació, la que presta seguridad a su gente. Gente que debe emigrar en busca de un mundo mejor, para labrarse un «porvenir», para tener algo que llevarse a la boca. Pero no hay que olvidar de dónde se viene para vivir en el presente sin perder nunca los referentes del pasado. La suerte está echada. La suerte de una persona que no puede alimentar a sus pequeños y la empuja a hacer lo indecible para cubrir ese déficit. Entonces y hoy, y mientras siga habiendo diferencias de clases y de oportunidades, la suerte deja mucho que desear, pero por dignidad hay que insistir en esa suerte que tanto se necesita, no ya como individuo, sino pensando en lo colectivo.

Aquí hablamos del pasado para poner en valor lo que les ocurrió a miles de familias de este país, que tuvieron que echar a andar en busca de un futuro un poco mejor, y se buscaron la vida allá donde había un trozo de pan a repartir, aunque siempre mal repartido, pero, a fin de cuentas, pan. En este contexto, recuerdo las canciones de José Antonio Labordeta. Sus canciones reflejan la persistencia de siglos de silencio y de mal vivir, de tragar el odio acumulado de las injusticias que pesan sobre muchas personas. Siguiendo la gran utopía de la fraternidad, muchas de esas personas empiezan a andar, y como canta José Antonio Labordeta en «Todos repiten lo mismo»:

Todos repiten lo mismo
cuando dicen que se marchan,
con cuatro granos de trigo se alimentaban.
Vivían él y la vieja y el resto de la compaña,
y al sol de los mediodías se calentaban.
Para la navidad, la oliva;
para el verano, la siega;
para el otoño, la siembra;
para primavera, nada.

Esa es la historia de nuestros abuelos, de la travesía que tuvieron que hacer a inicios de la década de los veinte, desde Aragón u otras tierras de España, hacia la Ciudad Condal, para llegar a Barcelona y pagar con el sudor del trabajo el alimento que necesitaban sus hijos. Y así, como tantas otras, la familia que formaban Justo Bueno Cuenca y Vicenta Pérez llegó a Barcelona y se instaló en el tercero cuarta de la calle Robador 31. En Munébrega, Zaragoza, muy cerca de Calatayud, la familia no disponía ni de un pedazo de tierra que pudiera alimentar a los suyos. El sueño de una vida mejor restaba por construir y tomar raíces en una Barcelona que andaba agobiada, mientras su burguesía, esos que se habían enriquecido en la etapa esclavista y que presumían y aparentaban a través de los monumentos del modernismo y el noucentisme, pensaba en proyectos internacionales.

La burguesía barcelonesa era una clase ostentosa que, insatisfecha por no ser la capital de una nación a orillas del Mediterráneo, con toda su potencialidad, tenía una obsesión que todavía perdura, buscaba nuevas formas de satisfacer su ego. Como en tiempos de los fenicios, seguía comerciando con todo lo que era capaz de fabricar en aquel momento. Cuba, en el horizonte, había sido su bastión, que el Estado español no supo proteger.

Entre toda la ostentación de la época, la familia de los Bueno Pérez tenía justo al lado viejas y lúgubres pensiones donde se albergaban gentes con muy pocos recursos, como era la Pensión Robador 35, donde había pequeños camastros de madera en los que echarse a dormir por poco dinero. Esto ocurría en otros lugares del barrio (Villar *Historia y leyenda del barrio Chino* [1997] p. 37).

Eran tiempos de una Barcelona en construcción: el recinto de la gran Exposición de 1929, el metro, la plaza de España, el ensanche, las vías rápidas, el soterramiento del ferrocarril en la calle Balmes, etc. Las oportunidades de trabajo abundaban, algo que en ese momento era todo lo que anhelaban los obreros de la ciudad, poder salir adelante, dar un oficio a los hijos y que pudieran labrarse un porvenir a partir de ese conocimiento que da la escuela de la vida. En el trabajo, allí encontramos a Justo Bueno Pérez, a sus hermanas, María Ángela, Remedios, Rosario, Soledad, Vicenta, Florida, y a sus hermanos, Ignacio, tres años menor que Justo, y Antonio, cuyo recorrido desconocemos.

En la calle Robador, concretamente en número 4, 2º 1ª, vivió Evelio Boal López, que había sido asesinado por los pistoleros del Sindicato Libre un año antes de la llegada de Justo Bueno a esta singular calle de Barcelona. También allí, en el número 24, vivían una conocida libertaria llamada Julia Mondragón, a quien llamaban Pusetas, y su compañero, Joaquín Monzón. Antonio Ribera Castro, uno de los hombres de los grupos de afinidad del anarcosindicalismo en los años veinte, vivía en el número 34. En los alrededores residían otros curtidos militantes anarquistas. Pero todo a su tiempo. Para Justo Bueno, la formación está en la calle, en el trabajo, en las afinidades, en las agrupaciones.

Justo, que nació en 1907, tenía 13 años cuando la familia llegó a Barcelona en 1920. Tuvo tiempo de comprobar cómo era la vida en barrios como el distrito quinto, el barrio chino (el Raval de hoy), y de presenciar muchas de las luchas sociales que se produjeron en Barcelona en tiempos de la dictadura de Primo de Rivera, cuando anarcosindicalismo estaba en la clandestinidad. Aunque, por el momento, él aún aprendía de las injusticias que se respiraban en aquel ambiente en el día a día, de la brutalidad del entorno, sobre todo entre los anarcosindicalistas de la CNT y la patronal y sus sicarios. Ejemplo de esto último son los asesinatos de Salvador Seguí y de Francesc Comes «en Parones» no muy lejos de donde se había instalado la familia y tantas otras historias ocurridas en aquel rincón del barrio que curtirían al más pintado.

Justo Bueno Pérez trabajó casi siempre en el sector del metal, concretamente de tornero, y al parecer fue un buen tornero mecánico. Sabemos que estuvo trabajando tres años en un pequeño taller, donde es probable que aprendiera el oficio. Ya en los años treinta, trabajó en los talleres de Antonio Barnadas, en la ronda de San Pablo, 44. Después iría a trabajar en los talleres de Miguel Borí, en la calle Vila i Vilà, 37-41. Más tarde trabajaría en una empresa de mayor calado llamada Vascos Catalanes, en la calle Marqués del Duero, muy cerca de la central eléctrica de la Canadiense. Y después, en la casa Pascual, en Departamento y en Monturiol, que estaban en la calle Carretas, en pleno barrio chino de Barcelona. Todas ellas son pequeñas empresas del metal.

Por lo que cuenta Caridad Martínez, es probable que Justo Bueno y ella se conocieran en la Agrupación Pro-Cultura Faros en 1931 o 32, cuando Caridad ya estaba casada con Pedro Campón y tenían dos niñas. También, por esa época y en el mismo ateneo libertario, la Agrupación Pro-Cultura Faros, es probable que coincidiera con José Manuel Ruiz Rodríguez, más conocido como Max Bembo. Uno de sus libros, *La Mala vida de Barcelona*, seguro que no le pasó desapercibido. La obra es toda una enciclopedia de aquella ciudad clandestina que se escondía en la mayoría de calles y portales del distrito quinto.

El 28 de octubre de 1932, con veinticinco años, contrae matrimonio con Florencia Gracia Montalbán, aragonesa como él, creo que la familia era de Pina de Ebro. Una vez casados, marchan a vivir con la familia de él a la casa de Robador.

Ya habían pasado los tiempos de la dictadura y había llegado la Segunda República y las experiencias que trajo consigo: es razonable pensar que la familia participó en la huelga de alquileres de 1931 y comenzó a luchar por su reducción. Por otro lado, la República no daba muestras de favorecer a los obreros, que esperaban impacientes las mejoras prometidas. En su lugar, a los políticos de izquierdas no se les ocurrió nada mejor, para empezar a afianzar su poltrona, que la Ley de Defensa de la República. Esa ley, que fue aprobada el 21 de octubre de 1931, iba dirigida a acabar con cualquier iniciativa del movimiento obrero que manifestara su desencuentro con la política del Gobierno. Otra de las nefastas leyes de la República fue la Ley de Vagos y Maleantes, publicada en el Boletín Oficial del Estado el 4 de agosto de 1933. Ambas leyes buscaban maniatar a la clase obrera y dejarla sin mecanismos de defensa. En definitiva, los republicanos estaban reproduciendo los vicios políticos de siempre, no eran más que despropósitos para proteger la propiedad privada de la burguesía y sus derechos de clase.

Así que las ilusiones por la nueva república duraron muy poco, apenas unos días. La impotencia de los políticos, o mejor la manipulación de aquellos nuevos políticos, difícilmente tenía recorrido con un proletariado consciente, que, ilusionado, se preparaba para poner en jaque a la burguesía y cuestionar el Estado. Sin duda, se había perdido una oportunidad, la gran esperanza en la Segunda República se convirtió rápidamente en una traición a los obreros, que apenas tenían trabajo y no podían ni pagar los alquileres de sus precarias viviendas. Por ello, en un primer momento, la lucha en ciudades como Barcelona se centró en la negociación de los alquileres.

La huelga de alquileres fue el primer acto insurreccional del movimiento libertario en la Segunda República española y se llevo a cabo única y exclusivamente en Barcelona, aunque después vendrían más momentos insurreccionales a nivel estatal. El resultado de aquella huelga fue que el gobernador civil de Barcelona y el presidente de la Cámara de la Propiedad se dieron por triunfadores y quedaron satisfechos con tener a todo el Sindicato de la Construcción en la cárcel Modelo. Mientras, Santiago Bilbao, cabeza visible de aquel Comité de Defensa Económico, dijo en una entrevista que la huelga había resultado un éxito, ya que las familias huelguistas barcelonesas se había ahorrado unos 12 millones de pesetas con los cuales habían podido dar de comer y vestir a sus hijos. A partir de aquel momento se crearon asociaciones vecinales que negociaban los alquileres a la baja aunque los caseros intentaran todo lo contrario (Aisa *La huelga de alquileres y el Comité de Defensa Económica* [2014]).

Pero los propietarios de las viviendas no quisieron saber nada de la propuesta obrera pese a que la mitad de las viviendas no estaban ni tan siquiera declaradas en el catastro.

Así se iniciaba un nuevo tiempo de barraquismo, y camas calientes, con la crisis al término de la Exposición Internacional del 29 a la que se sumaban los efectos del crack económico que nos llegaban de Estados Unidos.

Fue 1932, cuando una buena parte de los alquileres fueron a la baja, al menos en la calle Robador, un tiempo propenso a que los movimientos de los alquileres fueran en esa dirección.

También, al vivir en el distrito quinto, todo hace pensar que frecuentaba la Agrupación Pro-Cultura Faros ya desde su inicio en el piso primero de la calle Ferlandina 20 o poco después en el mismo piso de la calle San Gil 3. Más tarde Faros estuvo de forma provisional en diferentes emplazamientos: en la avenida Mistral 17, en la sede del Sindicato de la Madera en Rosal 35, en la sede del Sindicato de Artes Gráficas, que en aquellos años estaba en la calle Riereta 33, y en última instancia en la calle Nou de la Rambla, en el mismo edificio que el Eden Concert. También es posible que Bueno frecuentara el Ateneu Enciclopèdic, en la calle del Carmen.

En 1933 estuvo detenido y encerrado en la Modelo de Barcelona por los hechos insurreccionales del 8 de diciembre de aquel año, pero a los pocos días, el 14 de diciembre de 1933, hay una fuga de anarcosindicalistas en número de 56 de la cárcel Modelo de Barcelona (*El Diluvio*, 15 de diciembre de 1933).

Con Justo Bueno, escaparon entre otros José Camacho, (tío de Abel Paz), Manuel Campoy Rodríguez, José Coll, Daniel Sánchez García, Silvio Sánchez, Francisco Sea Epila, Juan Suárez, Julio Vega Aguado, José Vidal, Juan Yebes Ribas, Adolfo Ballano Bueno, Luis Forter Noguera, Juan Freixas Moreno, Nicolo Fursivich, Enrique Genon García, Juan Guillamón, Juan Hostalet, Agustín Manso Barriola, Lorenzo Martorell, Alejo Mas Vidal, Alfonso Nieves Núñez (argentino propuesto para expulsar del país), Agustín Pardo y José Pastor Huertas.

Lo que sí sabemos es que se afilió a la CNT ese año de 1933, al Sindicato del Metal, que estaba en la Rambla Santa Mónica 19 bajos, bajando a la izquierda, pasado el Frontón Colón, pero un poco antes de llegar a lo que después sería el Sindicato del Transporte Marítimo (aunque otros indican que estaban en el mismo edificio).

Un personaje de esta historia que no debe escapar a nuestra memoria, es el policía Eduardo Quintela. En abril de 1934, en la calle Parlamento esquina Paralelo, se produce un enfrentamiento entre la policía y los miembros del Sindicato Único en el que Quintela y otro policía, llamado Botey, resultaron heridos, mientras que un tercero, llamado Duran, murió. El anarcosindicalista Francisco García, alias el Patillas, detenido durante el altercado, llevaba en los bolsillos las fotos de varios jefes de policía para reconocerlos y atentar contra ellos; entre ellas estaba la foto de Eduardo Quintela.

Francisco García era un curtido militante que en los años veinte, había visto caer a numerosos compañeros y que vivió numerosas emboscadas junto a otros sindicalistas, como Ramón Archs o

Pedro Vandellós. Fue condenado a prisión, de la que saldrá con la amnistía de febrero de 1936. De nuevo en el sindicato, y después de la lucha por la revolución, en 1939, como tantos otros, Francisco García se exilió en Francia. Allí se une a la Resistencia y cae prisionero de los nazis en 1943; mientras lo transportaban en un convoy a un campo de exterminio, logra escapar y de nuevo conecta con la Resistencia francesa. Y ya de nuevo lo encontramos el 5 de diciembre de 1943, cuando participa como delegado de Marsella en el primer pleno que celebra el Movimiento Libertario para su reconstrucción su reconstrucción en el exilio. Este encuentro se realizó en La Fare-les-Oliviers, en el sur de Francia (Berruezo *Por el sendero de mis recuerdos* [1986]). Pero dejemos que Francisco García tome su camino en el exilio y volvamos a Justo Bueno.

El comisario de policía Eduardo Quintela, años después, no para de echar toda la mierda que puede sobre Justo Bueno y lo relaciona, por ejemplo, con uno de los detenidos en un tiroteo en el que el mismo comisario resultó herido. Su cuñado José Martínez Ripoll fue detenido por aquellos hechos.

La policía de Quintela lo tiene por atracador, huelguista y saboteador de los tranvías. Entre los bulos de Quintela, también se comentaba que Justo Bueno había sido detenido con un «invertido», al que se conocía como la Gioconda, que andaba por las calles del distrito quinto, y que, según Quintela, hacía favores a Bueno. Llegó el comisario incluso a la provocación de decir que, en los años treinta, ejercía la prostitución y que obligaba a su compañera a prostituirse. Estos bulos, porque no existen pruebas de ello, no son más que una muestra del odio del policía, que quería vengar a su amigo Badia.

Todos sabemos, o deberíamos saber, que, en un espacio como el distrito quinto, es normal la relación entre personas muy distintas y de diferentes ambientes. Allí se mezclan personajes de la Criolla, Sacristán, Villa Rosa, Madame Petit, la Mina, Buena sombra, Cal Manco, del mismísimo Pompeya o el Bataclán, lugar este último donde se decidió acabar con el cabeza de la represión en tiempos del pistolerismo, el presidente del Gobierno español, Eduardo Dato. Justo Bueno y quienes viven en calles como Robador, Tápies, San Ramón, Cid, Migdia, Olmo, Arco del Teatro y todo el entorno, núcleos principales de la prostitución, tienen historias que fácilmente se pueden interrelacionar y tergiversar. O sea, no tiene sentido criminalizar a una persona por conocer a una tal Gioconda, como podría haber llegado a conocer a Carmen Amaya, jovencita que andaba por ahí, o al bailaor Antonio Viruta.

Las historias del anarquismo y la de la Barcelona nocturna se mezclan en los alrededores de la calle del Cid, la del Olmo y en Robador, lugares donde se hallan el espectacular cabaret la Criolla, La Bohemia, el bar Chicago (que sufrió un atentado de los pistoleros del Sindicato Libre), y en buena parte de la avenida del Paralelo, donde encontramos a unos cuantos anarquistas también conocidos de la noche barcelonesa. Algunos de ellos son José Borobio, que fue director de *Solidaridad Obrera*, argentino, afincado en Barcelona en 1916 o 1917, tuvo que trabajar de «animador de varietés» en los alrededores del Paralelo; Liberto Callejas, nacido en Menorca, conocido como Marco Floro, redactor de *Solidaridad Obrera*; por las noches solía trabajar en los cabarets que rodeaban el Paralelo; Justo Vives Esbrí, Barcelonés, de las Juventudes Libertarias, escenógrafo en las noches del Paralelo, fusilado el 31 de julio de 1943. Muchos son los anarquistas que pasaban las noches en el café Novelty y el Bataclán o los personajes del bar Billares, la Tranquilidad, el Pompeya y el Tropezón, lugar de encuentro de algunos de los llamados rateros. Sin olvidar la vida apasionante de Jean Genet y sus primeros pasos por Barcelona, una Barcelona canalla que nos ayuda, en parte, a entender con su novela *Diario de un Ladrón*.

El paralelismo lo podemos encontrar, en Madrid, Como con el anarquista Pedro Luis Gálvez, natural de málaga, formó parte de la bohemia madrileña y solía terminar las noches de la ciudad, dato recogido por la literatura por Pío Baroja o Emilio Carrere.

Gálvez, acusado de tener una checa en su propia casa, en la calle Francos Rodríguez 93, fue fusilado en Madrid, en la cárcel de Porlier, era el 20 de abril de 1940 (Garcia-Alix *El honor de las injurias* [2007] p. 22).

Sabemos que Justo Bueno fue detenido por un atraco en 1933. Dicho atraco se produjo el 13 de marzo de 1933 en una fábrica de ladrillos en la calle Anglesola. Consiguió escapar, pero fue detenido de nuevo. Saldrá libre al ser declarado inocente en el juzgado; sí, declarado inocente, aunque lo reconoció el taxista, que testificó que Justo Bueno le estuvo apuntando con un arma durante un buen rato. Le acompañaban en aquella ocasión Horacio o Ignacio Ripoll Mateu, alias Heredia, que era un nombre supuesto de un cuñado, José Martínez Ripoll. Ripoll se escondió en Pinell de Bray, a 63 kilómetros de Tarragona y perteneciente al partido judicial de Gandesa. Allí fue donde planeó el asalto a la sucursal del Banco de Reus en Mora la Nueva, en el que le acompañaron Arturo Serra Busquets y Santiago Martí (*Heraldo de Tortosa* 4 de abril 1933).

Seguimos en 1933, Justo Bueno formaba parte del grupo de acción Ágora, donde encontramos, por ejemplo, al pedagogo Enrique Calleja, que en 1936 fue el director del CENU en el colegio de la calle Amadeu Vives 6-10 de Barcelona, y a Pedro Campón Rodríguez, implicado en el atentado al cocinero del restaurante Oro del Rhin en la Rambla de Cataluña esquina con Gran Vía. El atentado ocurrió el 12 de agosto de 1933. Además de Campón, participaron Caridad Martínez Hernández, a quien después volveremos a encontrar; Manuel Gallego Vadecillos, juzgado en rebeldía, ya que no pudieron detenerle; José Ángel Lescarboura, conocido como el Dibujante; Ginés Alonso, conocido como el Genesillo, uno de los fundadores del Ateneo Racionalista de Hospitalet y de la Federación de Conciencias Libres, donde encontramos a Ada Martí Vall; y Adolfo Ballano Bueno, que había pertenecido al grupo Los Solidarios y era ya un legendario anarquista que había tomado parte, por ejemplo, en el asalto al Banco de España de Gijón en 1923, junto con Aurelio Fernández, Rafael Torres Escartín, Buenaventura Durruti y Eusebio Brau, este último encontró en Asturias la muerte. También participó el inglés William (Guillermo) Lamb, que fue acusado de asesino material del cocinero del Oro del Rhin. La mayoría de estos compañeros se encontraban detenidos cuando se produce la huida masiva de la Modelo de Barcelona, en la que 56 anarquistas lograron escapar.

En los años treinta, lo que podemos entender como la FAI es un grupo de reflexión y de mucha pedagogía en todos los ámbitos de la vida; es decir, la generación de los Durruti, Ascaso, García Oliver, Aurelio Fernández, Gregorio Jover y compañía había dejado un poco de espacio a una nueva generación que sobresalía en las Juventudes Libertarias, que en ese momento tenía sus bases en los ateneos, pero también en los sindicatos. Se trataba de personas muy jóvenes, nacidos la mayoría entre los años de la Primera Guerra Mundial o al poco de acabar esta. Todos esos jóvenes andaban dando forma a un pensamiento, un discurso, una reflexión sobre el nuevo mundo que estaban convencidos de construir, para eso hacía falta una juventud libertaria con criterio en todos los ámbitos de la vida: esa era la razón de ser de los ateneos libertarios, aunque entonces no se denominaban así, sino que tenían nombres como Amor y Voluntad, Agrupación Pro-Cultura Faros, Sol y Vida, Ateneo Racionalista de la Torrassa, etc.

Así pues, Justo Bueno, a pesar de nacer en 1907, tiene como referentes a los Solidarios y ha estado rodeado por las luchas fratricidas de los años veinte, que no se olvidarán fácilmente. Él y sus compañeros y compañeras, las nuevas generaciones de jóvenes libertarios inquietos que surgían de los ateneos, tenían también como referentes los discursos de Tomás Cano Ruiz, del viejo Abelardo Saavedra, las lecciones de Félix Martí Ibáñez, Federica Montseny, Diego Ruiz y su hermano Max Bembo, éste último también utilizaba en seudónimo de Enmanuel y escribió *La anarquía explicada a los niños*.

LA MALA SOMBRA DE LOS HERMANOS BADIA Y JUSTO BUENO. VIDAS ENTRE-CRUZADAS CON UN DESENCUENTRO Y LA REVOLUCIÓN

Con el asesinato de los hermanos Badia, ocurrido en Barcelona el 28 de abril de 1936, se abre un proceso que todavía hoy no está resuelto, entre otras cosas, porque al final nadie se sentó en el banquillo de los acusados. Las primeras sospechas recayeron sobre miembros de Renovación Española, de quienes se sabía que preparaban un atentado en Barcelona para dañar al nacionalismo catalán. Otros, en clave barcelonesa, lo relacionan con el asesinato de José Marqués Soria (Pepe de la Criolla), que hacía poco había dejado su trabajo en la sala por razones turbulentas y había fundado la sala de fiestas Barcelona de Noche en la calle Tapias, no muy lejos de la Criolla.

Hay quien dice que la implicación de Renovación Española en este asunto fue sencillamente una cortina de humo que fabricó Frederic Escofet Alsina, el jefe de los Mossos de Esquadra. Fuere como fuere, las primeras detenciones en relación al asesinato de los Badia se producen entre los fascistas de Renovación Española, quienes buscaban responder con contundencia al auge del catalanismo en Barcelona y Cataluña. Desde Madrid, la rancia derecha española había pedido que los grupos de derechas en Barcelona provocaran a los miembros de Estat Català y de Esquerra Republicana. El 22 de octubre de 1933, las Juventudes de Esquerra Republicana desfilaron con motivo de un encuentro de radicales independentistas en el estadio de Montjuic al que asistieron más de cincuenta mil personas, lo que no gustó para nada a los partidos políticos de la derecha en Madrid. La cosa continuó creciendo, y recuérdese que los hechos de octubre de 1934 estaban por llegar. De nuevo el catalanismo resurgía de su pequeño sueño y posterior represión.

Con tantos cambios en Cataluña, y sobre todo en Barcelona, buena parte de las estructuras del Estado estaban por rehacer: la policía y todo el aparato judicial necesitaban aún consolidarse y recoger la dinámica de los estados modernos del entorno. Así, todo apunta a que la capital catalana carecía de una policía potente y bien estructurada; la Guardia de Asalto, los Mossos y la nueva policía de la Generalitat estaban mal organizados, poco coordinados y tenían poca experiencia, por lo que la delincuencia europea sabía que Barcelona era un lugar propicio para sus actos delictivos, robo de bancos y de grandes empresas incluidos, y no desaprovecharon la ocasión. Pero Josep Dencás, jefe de Orden Público en el Gobierno de Companys, y los hermanos Badia junto a sus ayudantes, entre ellos Eduardo Quintela, reprimían con dureza a los hombres de la CNT, y su mirada siempre iba dirigida hacia los jóvenes anarquistas, a los que acusaba de colaborar con las mafias europeas.

Mientras tanto, como hemos comentado más arriba, en el movimiento libertario tenía lugar un relevo generacional, principalmente entre los llamados grupos de acción, cuyos miembros, por lo general, venían de los años veinte y casi siempre se decantaban por una respuesta a nivel sindical (recuérdese la Ley de Fugas y la etapa del pistolerismo entre la patronal y los sindicatos libres, en la que, pagados por los propios patrones, los pistoleros se armaron con el consentimiento de los gobernantes, gobernadores civiles y militares y de los prohombres de Cataluña).

La FAI se gestó en las reuniones que hubo en el sur de Francia hacia 1926, concretamente en Lyon, con la participación de anarquistas que ya estaban exiliados en París, como Aurelio Fernández, que se trasladó a Lyon para consituir la Federación de Grupos Anarquistas de Lengua Española en el exilio de Francia. En aquel congreso, Aurelio Fernández asumió la responsabilidad de organizar los grupos anarquistas junto a Ricardo Sanz y Sebastià Clarà (Aisa *Tras las huellas de una vida generosa* [2017] p. 56). Pero, oficialmente, la FAI se creo durante los días 26 y 27 de julio de 1927 en la playa de Valencia, a la hora de comerse la paella. Como se puede leer el acta de aquella conferencia, apenas había allí miembros de los denominados grupos de acción. Muy al contrario, entre los presentes había puristas de la idea, que caminaban en el mundo del naturismo, personas de una generación consciente, veganos, del entorno de revistas como *Ética* o *Pentalfa*, gente que se acercaba al pensamiento de Stirner o Nietzsche, que escuchaba a oradoras como Antonia Maymón. La FAI fue fundada, en definitiva, por personas que formaban parte de grupos de pensamiento como Cultura y Acción, Luz y Vida, Los Inquietos, Sagitario, Forjadores de la Idea, Flores Nacientes, Sol y Vida, Cultura Proletaria, etc. No era gente violenta en absoluto, al contrario de lo que siempre ha querido pintar la burguesía. (Extracto del acta de la conferencia Nacional Anarquista celebrada en Valencia 1927).

En aquellos años de la República, la juventud, efervescente, ávida de cambio, fuerte y vital, se enfrentaba a la barbarie de las patronales de todos los sectores industriales, que solo buscaban el máximo beneficio sin tener en cuenta a los trabajadores. Ante la penosa situación de los obreros, lo máximo que ofrecían Estado y patronos era caridad. Por ello, en aquel momento, la acción en la calle era vital. Y esas acciones las llevaban a cabo los jóvenes de los ateneos, la gran mayoría afiliados a las Juventudes Libertarias, que por lo general colaboraban con los anarcosindicalistas en sus conflictos laborales. Uno de los conflictos más destacados en Barcelona fue la huelga de tranvías que tuvo lugar, de manera intermitente, durante buena parte del 34 y el 35. Como diría Diego Camacho, en más de una ocasión «la chiquillería» era capaz de subirse al tranvía, por detrás o encima del techo, y desconectarlo los cables (pequeña catenaria) que hacían funcionar al sistema eléctrico. En algunos casos era como un juego, era la transgresión, el reto de ser travieso, lo que luego se llegó a llamar «una gamberrada».

Volviendo al caso de los hermanos Badia, desde el inicio todo apuntaba a una acción de la extrema derecha y en un momento dado hubo en comisaría y en la Modelo un buen puñado de falangistas. Pero ya hacia finales de junio, la policía abrió el campo de la investigación y detuvieron a un obrero llamado Justo Bueno junto a otros dos compañeros anarquistas: Fernando Mendoza y José Ignacio Pardó. Luego seguirían ampliando la lista, constantemente detenían a nuevos sospechosos. Pasaron por comisaría Vicente Ferré Martínez, Ignacio de la Fuente, David García Altamira, Clemente Hellín, Juan Martínez Jover, José Martínez Ripoll, José Martorell Virgili, Jaime Riera Arbós, Lucio Segúndez, José Vilagrasa y Manuel Costa. Lo cierto es que el fiscal no tuvo pruebas contundente contra ninguno de ellos, por lo que terminaron por poner en libertad tanto a falangistas como a anarquistas.

Pero había dos periodistas que tenían ojeriza a los jóvenes anarquistas de la Agrupación Pro-Cultura Faros y lanzaban sobre ellos todas las calumnias que podían. En este episodio encontraron material para seguir hostigando a esos jóvenes libertarios que no pensaban como ellos. Estos periodistas eran Artis Gener, de *La Rambla*, y Josep María Planes, de *La Publicitat*. También desde la revista *Mundo Gráfico* se dedicaban a señalar a los jóvenes de Faros y de otros ateneos, entre quienes recordemos que andaban las familias de nuestra estimada Concha Pérez Collado o de la no menos querida Ada Martí Vall.

Después de que el fiscal pusiera en libertad a todos los detenidos por falta de pruebas y diera el caso por cerrado, este nunca llegó a reabrirse. Aunque los hechos nunca se han esclarecido, creo que los miembros de Estat Català se tomaron la justicia por su cuenta e hicieron su propio juicio y pronunciaron su veredicto.

Vamos a ver qué dice Artis Gener y cómo señala de una manera escandalosa a personas sin tener ninguna prueba, solamente para presionar al juez encargado del caso. Según escribió en el periódico *La Rambla* el 1 de junio de 1936:

El nostre amic Josep Maria Planes en el seu "comentari" d'avui en la Publicitat es refereix a les declaracions del Jutge senyor Màrquez Caballero, fetes davant els periodistes la setmana passada, notificant lacònicament que s'havia procedit a posar en llibertat els detinguts per la mort dels germans Badia i que, per tant, "tot seguia igual al dia del fet".

Josep María Planes demana de qui ha estat el fracàs ¿Del Jutge?, ¿De la Policia? En un parèntesis remarca que de jutges n'hi ha hagut dos. En efecte, un catalanista i republicà, que ha treballat de valent en l'afer, i un altre, que se n'ha fet càrrec fa uns quants dies i que dos o tres després d'haver pres possessió del càrrec, ha alliberat els detinguts i ha cuitat a fer les declaracions que esmentàvem.

Hem anat seguint, dia darrere dia, la tramitació del sumari per l'assassinat de Miquel i Josep Badia. Els periodistes evidentment ho hem pogut seguir de més a prop que no pas el lector de diaris, que s'ha hagut de resignar ha de tenir-ne coneixement entre ratlles les informacions copiosament censurades. Per altra part, hem pogut anar fent altres gestions -limitades, és clar, per tal com els nostres mitjans d'investigació, no compten ni molt menys amb els ressorts policials i judicials- i ens és possible oferir totes les dades que hem obtingut. El dimarts 28 d'abril eren assassinats al carrer Muntaner els germans Miquel i Josep Badia, els assassins havien fet la clàssica "parada" un cotxe, marca Ford el motor engegat els esperava davant el bar "Bremen" del carrer de la Diputació amb xamfrà amb cantonada amb Muntaner. Va haver temps de prendre-hi el número del cotxe dels pistolers que, per una hàbil maniobra -i sembla paradoxa- no havia estat canviat ni modificat

La mateixa tarda la policia i el jutges -que treballaven inten-

sament- tenien identificat el Ford. i la seva procedència. Sembla que a Hisenda el tenien registrat com pertanyent a una societat anònima fantàstica que havia donat un domicili inexistent. L'autèntic propietari del cotxe, doncs, devia suposar que no calia canviar-li el número per a posar-lo al servei de la delinqüència organitzada. En el pitjor dels casos, la investigació s'havia despistat en trobar-se un propietari imaginari.

Però la policia va remuntar la investigació fins a l'anterior propietari del Ford. Sembla que el primer fou el senyor Cortes amo d'una sala de ball popular "La Bombilla". El Senyor Cortés tenia ganes de vendre's el cotxe i l'amo del garatge de cotxes del carrer Llançà 11,amic seu, es va oferir a fer d'intermediari. L'amo del garatge coneixia a Manuel Costa Ribeiro exempleat de la companyia d'autobusos, el qual li havia dit alguna vegada que quan li sortís un automòbil, que fos una ganga, el compraria. El Ford ho era perquè el senyor Costes el cedia per dues mil pessetes.

Costa Ribeiro va comprar el cotxe. Va pagar les dues mil pessetes d'una vegada. Després simula el traspàs a la societat fantasiosa, i simula que va cobrar dues mil cinc-centes pessetes.

Costa va ésser detingut. Home hàbil bregat, sembla que d'antuvi va treure importància a la compravenda del Ford. Molt tranquil aparentava no afectar-se gens per la seva detenció. Sembla que davant del jutge, interrogat amb traca, va anar perdent terreny. Havia explicat que estava dos anys sense feina –és un dels acomiadats de la CGA de resultes de la vaga del transport– i que feia deu anys que havia heretat del seu pare dues mil pessetes- que havia guardat curosament fins aleshores, esmerçant-les en la compra del cotxe.

Salta a la vista l'anormalitat d'aquesta conducta. Una persona que en dos anys no havia guanyat cap diner despenia sobtadament, la quantitat que guardava després de tants anys, no pas per a pagar els deutes contrets –Costa Ribero assegurava que eren nombrosos– sinó per a comprar-se un automòbil. –Almenys doncs —sembla que li va dir el jutge— digueu-me a on teniu les dues mil cinc-centes pessetes de la venda.

No les tenia ja. Havia pagat els deutes. Va donar noms de creditors, un cunyat seu, un altre parent, el secretari del sindicat de transports de la CNT, etcètera. Novament, era anormal la resposta ¿Perquè per a pagar els deutes havia que esperar i vendre's un automòbil?

Foren cridats al jutjat el cunyat, el parent, el secretari, i els altres, i tots probablement creient que si deien la veritat "servien" el detingut. Negaren el deute i els pagaments. S'explica perfectament aquesta actitud. Devien dir-se. El tenim detingut. Si ara diem que ens ha donat diners suposaran que els a tred d'una manera il·lícita. Dient la veritat l'ajudarem. I d'aquesta manera, ajudaven la tasca judicial.

La brutícia de la maniobra quedava, doncs, ben clara. Sí que es venia el cotxe a uns anònims, que tampoc li pagaven els diners, ¿a què venia haver-lo adquirit? Les comprovants del traspàs, sembla que ni estaven signades o, si ho eren, els gargots no permetien la lectura de cap nom.

La culpabilitat de Manuel Costa Ribero quedava ja ben afiançada. La seva conducta justificava el seu processament, que podia mantenir-se dins que hagués quedat ben clar com no hi havia res de delictiu en la seva conducta.

Visitàvem el garatge del carrer Llançà molt sovint dos individus amics de Costa. Sortien de tant en tant amb el seu cotxe i els dos desconeguts figuren com a socis de la societat anònima falsa. Els veïns del carrer Llança, els dependents del garatge per a nomenar-los els deien "els gàngsters". Calia trobar-los i la policia, d'acord amb el Jutjat comença les investigacions. Hi havia ben poques dades, realment. Quan la gent els deia "els gàngsters" és que devien tenir aires de facinerosos. Probablement doncs estaven fitxats. Uns dependents o uns veïns –pel cas és igual i no és pas cosa nostra, fer precisions en aquest sentit –reconegueren revisant els fitxers els dos desconeguts, fins aleshores. Reconeixement sense vacil·lacions completament seré. Els dos assenyalats eren Ignacio de la Fuente i José Villagrasa, ambos de la més pura història faista. Va costar molt de detenir-los. La pista d'elles es perdia a partir del 28 d'abril.

Calia procedir hàbilment i amb tota la intensió es va desorientar l'opinió pública. Potser calia donar a sensació que la policia tenia el convenciment que els autors de l'assassinat formaven a rengles totalment oposats ideològicament als autèntics.

Per això aquella persecució de falangistes que de passada podien ser processats per què els eren ocupades armes, o bé -per exemple- es confessaven autors d'un intent d'atemptat contra Pére Farrás.

La cortina de fum va donar els resultats esperats. De la Fuente i Villagrasa es van confiar i van tornar a la seva vida normal aleshores van ésser detinguts. Després els qui els havien reconegut a través de la fitxa policial es ratificaren davant dels originals.

Posteriorment, sembla que es va anar sabent detalls que refermaven la complicitat dels dos detinguts. Per exemple, quan van anar a provar el Ford, uns quants dies abans de la compra, trobaren la carrosseria poc resistent: —Això ho atravessarant les bales — va dir un d'ells. —Ja el farem brindar —feu l'altre.

Dues persones més contra les quals es podia mantenir-se el procés.

La generositat del senyor Márquez Caballero ha deixat en llibertat també a Justo Bueno Pérez. Nosaltres hem cregut sempre que ell és qui portava el cotxe el dia de fets. Proves concretes no les tenim naturalment. Però hi ha indicis d'eloqüència innegable. Tampoc podem ser prou precisos, fem constar només (i abstinguem-nos de dir per qui) que ha estat reconegut d'una

manera contundent per testimonis presencials de l'assassinat.
Se'ns assegura que és el qui estava al volant del Ford, al carrer
de la Diputació. La feina fora de Bueno a provar la seva no
culpabilitat.

Hi ha, encara altres coses, el sobreseïment de la causa contra
Juan Segura Nieto, de la qual em parlarem en un altra ocasió.

Ara, només voldríem que el senyor Márquez Caballero, ens
expliques la seva actitud. El crim és de gran envergadura. L'or-
ganització que hi ha al seu darrere també ho és, i àdhuc peri-
llosa.

Però estem convençuts que per un jutge no ha d'ésser-ho.
Ens fa l'efecte que amb el que deixem dit hi havia prou matèria
per no alliberar els presumptes culpables. El jutge Márquez,
però els ha alliberat així que ha pres possessió.

(Artis Gener *La Rambla* 1 de Juliol de 1936)

He querido reproducir todo el artículo para no inducir a error
y mostrar las ganas que le tenían estos periodistas a todos los anarquistas. Si el juez o la policía hubieran tenido alguna prueba de la
historia que explican Artis Gener y Josep María, es de suponer
que no habrían dejado en libertad a los tres anarquistas.

Artis recibió días más tarde la visita de Justo Bueno para pe-
dirle que moderara su pluma y cambiara de dirección toda su
mala leche, pero tanto Artis como Planas siguieron hostigando a
los anarquistas. Sin ir más lejos, recordemos los Hechos de Mayo
del 37 y el texto en *L'Esquella de la Torratxa* dedicado a este tema,
donde, con mucho humor, Artis deja clara su postura comunista y
su aversión a los anarquistas.

Lo cierto es que en la prensa encontramos poco más sobre la
muerte de los hermanos Badia. La investigación continuó estan-
cada y, dada la falta de pruebas y que las acusaciones no se sostenían, tal y como apareció en *La Rambla*, el 11 de julio de 1936
el juez instructor, Márquez Caballero, archivaba el caso. Así en el

periódico *La Rambla* se afirma que el señor Márquez Caballero toma esta decisión al ver que no avanzaba la investigación y que las pruebas no se sostenían.(*La Rambla* 11 de Julio 1936)

Tras quedar libre de toda sospecha, me imagino que, al cabo de dos días y después de pasar por el sindicato, Justo Bueno Pérez volvió a su lugar de trabajo.

Quizás a raíz de los artículos aparecidos en la prensa, que le señalaban de una manera escandalosa, unos días antes del 19 de julio, Justo Bueno fue intimidado por miembros de Estat Català. Pretendían que abandonara Barcelona inmediatamente, pero él se negó, ya que tenía a toda su familia en la ciudad. Además, le hacían responsable de todo lo que les pudiese ocurrir a Miguel Bori y al padre de este. Al parecer, Justo había trabajado con el padre de Bori durante tres años y siempre había habido buena sintonía con Miguel, por lo que Justo Bueno no entendía aquella amenaza.

Nos encontramos en el 19 y 20 de julio de 1936. Justo Bueno es uno de los anarquistas que intervino en la lucha directa contra el ejército faccioso que se había sublevado en Barcelona. Sabemos que estuvo en la plaza de Cataluña, en esa batalla crucial donde se tomó la Telefónica, y, al día siguiente, frente al cuartel de Atarazanas.

El episodio que explicamos a continuación nos ha llegado a través de la confesión de Caridad Martínez Hernández, extraída años después y en unas condiciones que hacen que no podamos tomarla por verídica: recordemos que todo lo que sale del número 43 de Vía Layetana se ha obtenido bajo tortura y amenazas. Una vez detenida, al terminar la guerra, Eduardo Quintela y Pedro Polo le hicieron decir lo que ellos querían que dijera durante el interrogatorio, para construir el curriculum que le preparaban a Justo Bueno. Así, dice que en 1936 era enfermera y firma lo que los policías de la Brigada Político Social quieren oír sobre el episodio del 20 de julio de 1936, el día de la batalla de Atarazanas. Aquel día, poco antes de rendirse, los fascistas habían segado la vida de Francisco Ascaso Budría, por lo que los ánimos estaban muy caldeados. Una vez rendidos, diez altos cargos del ejército que se resistían en Atarazanas fueron detenidos y conducidos a la sede del Sindicato del Metal, que estaba en aquel entonces en la misma Rambla, muy cerca del CADCI (Centro Autonomista de Dependientes del Comercio y de la Industria). Caridad fue enviada allí para atender a los heridos y recuerda como Justo Bueno, Lucio Ruano (Rodolfo Prina) y otros conducían a los militares hacía el interior del edificio. No vio cómo los mataban, pero oyó los disparos y vio cómo Justo Bueno y Lucio Ruano salían aún con la pistola en la mano diciendo: «Así se hace la justicia del pueblo» (Caridad Martínez Hernández, Dossier sumario 27059).

De todas formas, no tenemos otra versión más que la salida de Vía Layetana años después, que, como ya hemos dicho, no podemos dar por válida. En aquellos tiempos de represión de los años cuarenta, del cau de la Bèstia solo pueden salir mentiras fabricadas con utensilios de tortura.

Caridad Martínez Fernández era la compañera de Pedro Campón Rodríguez. En tiempos de la República, al parecer, tuvieron una riña y la pareja dejó de entenderse, por lo que Caridad buscó refugio en otro lugar y vivió en la humilde vivienda de Manuel Escorza y su compañera, en la calle Carretas 36 (la suegra de Justo Bueno vivía en el 25 de la misma la calle). Es probable que en el tiempo de la revolución Manuel Escorza ya viviera en un lugar algo más confortable, y siguiendo la pista de Caridad Martínez sabemos que ella vivía en la calle Aragón 104, probablemente el domicilio de Manuel Escorza.

El compañero de Caridad, Pedro Campón Rodríguez, del grupo anarquista Ágora, que en aquel momento trabajaba de redactor en *Solidaridad Obrera* y era a la vez el administrador, fue detenido por su implicación en el atraco al Oro del Rhin el 12 agosto de 1933, aunque el asesinato del cocinero corrió a cargo de Guillermo (William) Lamb. Fue encerrado en la cárcel Modelo, de donde poco tiempo después, el 13 de diciembre de 1933, se fugó con otros 56 anarquistas. La fuga se llevo a cabo por un butrón en la celda número 184, de Alex Más, un agujero de unos 50 centímetros que llegaba hasta la cloaca. De allí la mayoría salieron por la calle Calabria.

También se fugaron 22 presos del Vapor Uruguay, anclado en el puerto de Barcelona. Aprovechando una discusión de la guardia del barco, se deslizaron por un cabo que amarraba el buque al puerto.

Entre los fugados de la Modelo y del Vapor Uruguay estaban Vicente Tomé Martín, Lucio Ruano Segúndez (ambos argentinos), Adolfo Ballano Bueno, Alex Más, Justo Bueno Pérez, Pedro Campón Rodríguez, Luis Ruano Segúndez, Luis Fortet Mogueres, Joan Freixes Moreno, Manuel Casterlenas Domingo, Silví Sánchez Pérez, Antonio García González, Enrique García García, Daniel Sánchez García, Nicolau Tucinovic, Ángel Lescarboura, José Pastor Huertas, Agustí Monço Barrio, José Vidal Comás, José Martorell Virgili, Lorenzo Tapiola, Julio Berga, Alfonso Nieves, José Guillamot Guillamot y Antonio Aguilera Herrera, todos ellos detenidos de nuevo al poco tiempo. Otros como José Escolano, Félix Vitale (italiano), Manuel Gallego, José Antic, Martí Serrarols, Ignacio Meler, Miguel Albertí, Pedro José Pallars, José Roman Romero «Xato», Francisco Díaz Rodríguez y un buen puñado más de militantes anarquistas siguieron huidos (La Publicidad 15 y 16 de diciembre de 1933).

Esta fuga podríamos situarla dentro del movimiento revolucionario de diciembre de 1933, que estalla el 8 de aquel mes y que la prensa da por acabado el movimiento el 16 de diciembre de 1933. Días después, el director de la Modelo, el señor Coromines, presenta la dimisión y espera que pronto sea traspasada la gestión a la Generalitat. Por otro lado, el gobernador civil, Oriol Anguera de Sojo, argumenta que la Modelo de Barcelona siempre está en transformación.

Durante la revolución, Campón marchó con la Columna Durruti y estuvo en el Grupo de Investigación de la CNT, que se dedicaba a visitar aquellas personas sospechosas de quintacolumnistas en los pueblos de Aragón. Este grupo de investigación estaba formado por Adolfo Ballano, Justo Bueno, Pedro Campón Rodríguez y Liberto Ros Garro, y es posible que tuviera contacto con el grupo de investigación de la CNT montado por Manuel Escorza en la casa CNT-FAI de Vía Durruti en Barcelona Escorza en la casa CNT-FAI de vía Durruti en Barcelona.

La familia de Justo Bueno Pérez, en aquel año de 1936, se instaló en el 1º 1ª la rambla del Centro 3 en Barcelona. Él marchó al frente con la Columna Durruti el 24 de julio de 1936, primero a Bujaraloz y más tarde a Pina de Ebro, donde se instaló en casa de sus cuñadas. Allí vigilaban a los quintacolumnistas, ya que había unos cuantos afines a las derechas, o sea, franquistas, tanto en Aragón como en Cataluña.

Años después Pilar Gracia Carreras, que tenía unos 16 años, recordaba que a casa venían muchos vecinos para hablar con el grupo de investigación. Cecilia Gracia Carreras, otra de sus cuñadas, dice también que es muy probable que Justo Bueno y buena parte de la Columna Durruti participaran en el incendio de la ermita de San Gregorio, pero que ellos, de todos era sabido que los del grupo de investigación, andaban poco por Pina, donde solo iban a cenar y dormir, aunque siempre quedaba allí un retén del grupo. Esta información, que hicieron las cuñadas en tiempo de franquismo, es poco relevante ni acusatoria ya que cualquier miembro de la columna Durruti estaría dispuesto a incendiar una iglesia.

En la casa también había una comadrona, llamada Paquita, que estaba con el capitán Collado de la Columna Durruti. Podría ser Manuel Collado Guirao, que marchó al frente con la Columna el 5 de septiembre de 1936.

Esta información, que proporcionaron las cuñadas en tiempos del franquismo, es poco relevante o acusatoria, ya que cualquier miembro de la Columna Durruti estaría dispuesto a incendiar una iglesia.

El Grupo de Investigación de la Columna formaba una policía anarcosindicalista en el frente de Aragón. Principalmente, la vigilancia de las patrullas que montaron Justo Bueno y compañeros iba encaminada a evitar robos y saqueos, que en aquel momento se producían con frecuencia, o la ocultación de dinero, comida y otros bienes materiales. Instalaron las oficinas en el mismo lugar donde tenía la administración la Columna, y recogían, como policía confederal, las denuncias de los lugareños a los empresarios y a los falangistas de la zona. Este comité estuvo en el número 5 de la calle del Pilar en Pina de Ebro, que, como hemos mencionado antes, era la casa de unos familiares de su compañera, Florencia. Allí convivía el grupo de investigación con Paulina Carreras Beltrán, Cecilia Gracia Carreras, Pedro Gracia Beltrán. Paulina y sus hermanas se encargaban de hacer la comida y de lavar la ropa.

Al parecer el grupo intervino en algunas acciónes en Gelsa y otros pueblos de la zona, como Cinco Olivas, Alforque, Alborge y Velilla de Ebro, donde se dice que murieron varios falangistas. En Gelsa, señalaron a Justo Bueno junto a Ángel Rodríguez Rodríguez como ejecutores de un oficial de prisiones en tiempos de la dictadura llamado Montagud. Sin embargo, años después, el alcalde falangista de la Villa de Gelsa afirma que:

Cumpliendo con lo que me tiene ordenado en su oficio nº 1544 del 9 de agosto de 1944 tengo el honor de practicadas investigaciones por este ayuntamiento de Gelsa, preguntado a varios vecinos, resulta que nadie conoce al encartado Justo Bueno Pérez, por lo que se ignora si este sujeto ha estado en este pueblo y por lo tanto si en este pueblo cometió algún delito, 13 de agosto de 1941 el alcalde de Gelsa, Miguel Polo
(Dossier Justo Bueno. Sumario 27059)

O sea, nadie de Gelsa lo ha visto nunca, ni el alcalde, pero es sospechoso de 29 de muertes en Gelsa durante la guerra civil. Me parecen demasiadas muertes para que la gente de Gelsa diga que no sabe nada de Justo Bueno, por lo que, por lógica, es probable que todo sean habladurías.

Hay que recordar que, cómo dice Agustí Guillamón, en Gelsa estaban acuartelados los hombres de la Columna Durruti más ablandados, aquellos que luego crearon la asociación Amigos de Durruti y que discreparon abiertamente con los Comités del Movimiento Libertario.

En Pina de Ebro, con la Columna Durruti, Justo Bueno permaneció unos seis meses. Al término de la guerra, muchos de los vecinos, por salvar la piel o simplemente por venganza, acusaron de saqueos, asesinatos y robos a Justo Bueno y a otros muchos del Grupo de Investigación. Todo lo expuesto lo certifican Paulina Carreras Beltrán, Cecilia Gracia Carreras y Pedro Gracia Beltrán. Este último se halla en el momento de declarar, el 13 de agosto de 1941, en la cárcel del Dueso, en Santoña, delante de Eduardo Quíntela, quien iba ampliando el curriculum de Justo Bueno y, para ello, es muy probable que intimidase a quien hiciera falta. Todos los vecinos que fueron interrogados resultaron ser familiares de Bueno y al final dicen lo que Quintela quiere que digan.

Mientras Justo Bueno estaba en el frente de Aragón, o sea, a 300 kilómetros de Barcelona, ocurrieron algunos hechos que la historia después, se ha encargado de que le salpicaran. Llegaron a implicarlo en el asesinato del policía J. Vizern Galabert, en plena guerra civil. Los hechos ocurriéron en el bar Velódromo de Barcelona mientras este comía allí. Dicen que, al pasar con el coche unos anarquistas y verlo allí, decidieron acabar con Vizern, quien, al parecer, era un ex policía, probablemente del grupo de policía que en 1935 acompañaba a los hermanos Badia, a Eduardo Quintela y a Polo. Aquel encuentro fortuito en el bar Velódromo de la calle Muntaner, muy cerca de la Diagonal, ocurrió el 16 de septiembre de 1936. Al parecer, acusaron a José Martínez Ripoll, Rafael Ginesta, Vicente Ferrer Cruzado, Rafael Selles y Antonio Moreno López. La Noticia la encontramos en el periódico La Publicitat del 18 de septiembre de 1936. La nota es extensa, pero creo vale la pena recoger algunos fragmentos:

A les dotze de la nit del dimecres al carrer Paris fou trobar el cadàver de l'agent el cost d'investigació i vigilància, senyor Jaume Vizern. El cadàver fou conduït per uns quants companys del mort a la comissaria general d'ordre públic. Fou col·locat en una capella ardent que fou instal·lada a la brigada antifeixista. [...] El senyor Vizern havia pertangut a la plantilla de l'Estat en efectuar-se el traspàs de serveis es va passar a servei de la Generalitat de Catalunya. Actualment, era el secretari del senyor Sanxo [...] La nota de la Comissaria General d'ordre públic diu: El cos d'Investigació i vigilància de la Generalitat de Catalunya s'ha vist dolorosament sorprès pel bàrbar assassinat comes en la persona d'un dels seus agents més estimat...

Era aquest company un funcionari competitissim, lleial a la República a la causa del poble, que havia posat la seva intel·ligència al servei de la revolució que vivim i que s'havia distingit en la detenció d'elements feixistes i d'espies. [...] Una Nota del consell obrers i soldats, que diu: Aquest comitè central, indignat i adolorit ha de manifestar la seva més enèrgica protesta contra l'atemptat comès en contra de l'agent policial Jaume Vizern. El qual era mereixedor de tota la nostra confiança i estava controlat pel nostre consell. [...] Cal tenir confiança en el nostre consell i no s'ha de fer cap cas de certs rumors i insidies que només tenint la finalitat de voler acarar els Cossos Armats contra el poble treballador. [...] Un altra nota de la comissaria General diu: "La Comissaria General d'Ordre Públic de Catalunya invita tots els ciutadans per tal que assisteixin a l'enterrament del Company Jaume Vizern Salabert agent de segona del Cos d'Investigació i Vigilància. L'enterrament sortirà, avui diven-dres 18, de l'edifici de la Comissaria General d'Ordre Públic, Via Laietana 43 a les onze del matí.

Jaume Vizern era de la Junquera, así que madre y hermana se llevaron el cuerpo sin vida hasta aquel pueblo fronterizo para ser enterrado en los Pirineos. Hay que decir que, durante la vigilia, mientras se le hacía los honores en la comisaria de Vía Layetana, el cuerpo de Vizern fue custodiado, por turnos, por Guardias de Asalto, miembros del Cuerpo de Investigación y Vigilancia y por la Guardia Civil.

También hay alguna información que asegura que Justo Bueno partió hacia Madrid en noviembre de 1936 con la Columna Durruti, como mecánico, pero es una simple hipótesis a la que se le puede dar muy poco crédito.

JUSTO BUENO VUELVE DEL FRENTE

Al cabo de unos meses, Justo Bueno Pérez, por su oficio, era más necesario en la retaguardia que en el frente, por lo que regresó a Barcelona y se instaló, en un primer momento, en los talleres Labora en la calle Badal de Sants (la principal fábrica Labora, conocida como F-15, estaba en Olot). Pero creo que Justo Bueno pronto dejó su puesto en Labora para ir con su cuñado, José Martínez Ripoll, al garaje de Casanova 29 y 29 bis, que se había confiscado para la Columna Durruti. Allí se dedicaban a reparar vehículos de la Columna destinados al frente de Aragón.

Habían pasado cuatro meses cuando Justo Bueno fue llamado por el sindicato a un nuevo destino en los Astilleros Cardona del paseo Nacional, en la Barceloneta. Debía probar el motor de un avión en una canoa para intentar construir lanchas rápidas. Cuando ya casi lo tenía listo, lo relevaron del proyecto y pusieron en su lugar a unos comunistas, cosa que no le sentó nada bien. Desconozco si los comunistas tuvieron demasiado éxito en esta empresa.

También hay que recordar que, antes de hacerse cargo del garaje de Casanovas, José Martínez Ripoll estaba, por mandato del Sindicato del Metal, en un garaje en la calle Sepúlveda. Al aparecer fue Eugenio Vallejo, de la Delegación General de Industria de Guerra, quien decidió que aquel garaje lo controlara José Martínez Ripoll, cuyo cometido en un principio era firmar y controlar todos los vehículos que circulaban para su arreglo.

En aquel espacio de la calle Casanova encontramos a otro hombre de confianza de Justo: Luis Latorre Mestre, de 28 años, nacido en Barcelona y que en los años de la República vivía con sus padres en el número 4 de la calle de la Luna, en pleno barrio chino. Sus padres tenían una taberna muy cerca, en la calle San Vicente 11. Después fueron a vivir a la calle Borrell 160, 1º1ª.

También sabemos que Luis trabajaba en una fábrica en la calle Consejo de Ciento donde se hacían pilas eléctricas.

En la Columna Durruti, Justo Bueno trato con más frecuencia con Lucio Ruano, ya que era una de las cabezas visibles de la Columna. De Ruano encontramos varios episodios un tanto oscuros. José Manzana y Ricardo Sanz decidieron echarlo de la Columna por el mal trato que dispenso a algunos milicianos y, al volver del frente, frecuentó el garaje de Casanovas 29. Allí, al parecer, conocieron a un aviador francés que propuso la venta de una avioneta que los anarquistas decidieron comprar. Según cuentan, pactaron una cantidad que nunca se llegó a abonar porque Jean Moreau, el aviador, desapareció. Y ¿cómo desapareció Moreau? Hay al menos un par o tres de versiones. Una de esas versiones es que la avioneta nunca llegó en condiciones al garaje de Casanovas: Moreau habría volado de Toulouse a Perpiñán y después al pueblo de Vidriera, donde la avioneta quedó destrozada durante un aterrizaje forzoso; en consecuencia, el piloto tuvo que llamar a Barcelona para que fueran a buscarla. La avioneta llegó a Barcelona en un camión para ser reparada por los anarquistas del garaje de Casanova 29. Al parecer, dado el mal estado en que se hallaba, nunca se llegó a reparar y la transacción económica no se realizó.

Moreau, acompañado de Martínez Ripoll, fue hasta Capitanía General, donde ofrecieron el avión (bueno, lo que quedaba de él) y allí se ordenó el embalaje de la hélice y el motor. Además, Moreau quedó en enviar ochenta pesetas, que era lo que había costado el transporte hasta Barcelona de la avioneta siniestrada. También se pidió que el consulado francés se hiciera cargo de los gastos, pero este se negó, ya que la avioneta había entrado clandestinamente.

De todos modos, parece ser que era más bien una avioneta que tenía poco recorrido. Hay otra versión que dice que después de arreglada la avioneta en Llagostera, Justo Bueno y Jean Moreau iniciaron el vuelo y al poco tuvieron otro siniestro donde el aparato quedó de nuevo destrozado y en el que salvaron la vida milagrosamente.

Otra versión dice que Moreau pactó una cifra con Justo Bueno y su cuñado, Martínez Ripoll. Los anarquistas buscaron financiación y debían pagarle a plazos. El día convenido, después de dar una vuelta por Barcelona y de poner excusas para eludir el compromiso adquirido, a la hora de despedirse frente al Hotel Majestic, donde se hospedaba, de un amigo francés llamado Coustaing, José Martínez Ripoll, Justo Bueno y Lucio Ruano, lo recogieron en coche, fueron hasta el Garaje Casanovas y allí, según parece, lo asesinaron y lo enterraron cincuenta metros al oeste de la entrada tocando el muro. Después el avión fue completamente desmontado y solo dos sillas quedaron en el garaje. El francés ya nunca más apareció.

La denuncia de la desaparición se realizó el 4 de abril de 1937 y la mujer de Moreau la comunica el 11 de mayo de 1937 a la embajada española en París. La muerte de Moreau ocurrió un mes antes de mayo del 37, aunque no tengo el día exacto.

De todas formas, en el garaje ocurrieron otras historias de muerte que ayudaron a aumentar su leyenda. Por ejemplo, en un juicio años más tarde, ya en pleno franquismo, salió una versión en la que los Ruano, por causas que se desconocen, se habrían enfadado y liado a tiros entre ellos; lo que hicieron los compañeros del garaje fue simplemente enterrarlos para no causar más inconvenientes. Es una versión que no acabo de creerme, pero ahí está.

Cuando se encontraron los restos humanos en el garaje, se enviaron al Hospital Clínico, al depósito judicial ficha 1473 B. Uno de los cuerpos correspondía, al parecer, al aviador Jean Moreau. Aunque había restos de cuatro cuerpos de hombres y me queda la duda de quién era ese cuarto hombre encontrado allí dentro, como también dudo de que realmente se llegara a identificar a los cadáveres. Todo esto ocurrió aproximadamente a partir de julio de 1937.

Aunque los hechos nunca se aclararon, este episodio marcará la vida de Justo Bueno Pérez. En el dossier encontrado hasta ahora de Aurelio Fernandez leemos, en cambio, que Jean Moreau y Justo Bueno eras buenos amigos y se entendían bien. Más tarde volveremos sobre el escabroso tema del aviador francés.

Ahora centrémonos en otros episodios oscuros que se produjeron en la Columna Durruti en Aragón, en los tiempos de su militarización. Al parecer, poco después de julio del 37, algunos milicianos, hartos de esta militarización y del comportamiento de los dirigentes de las milicias, decidieron, por disconformidad con sus mandos, dejar el lugar que ocupaban en el frente y volver a Barcelona o a sus lugares de origen. Lucio Ruano, que por aquel entonces tenía orden y mando en la Columna Durruti, parece que ordenó detenerlos y fusilar a más de uno de inmediato, a pesar de que eran milicianos de mucho valor; ese acontecimiento quebró, y mucho, la moral de la Columna, que no quería ser militarizada y, de hecho fue la última en serlo. Los compañeros de los fusilados tenían en mente lo que había ocurrido y esperaban el momento para devolver el envite. Así, siempre que iban a Barcelona, buscaban a Lucio Ruano y, sabiendo que andaba por el garaje de Casanovas, vigilaban continuamente el espacio y fueron a por él. También Cristóbal Albadetrecu Irazabal así como un miliciano llamado Silvio Sánchez querían ajustar cuentas con Ruano. Este último se adelantó a todos los demás y se enfrentó con Lucio Ruano cerca del frente, en Fraga. Ruano mató a Silvio Sánchez, que era considerado un anarquista de acción y ya había estado preso en mayo de 1933, acusado de asalto a una casa burguesa en San Gervasio, Barcelona.

A todo esto, existe la sospecha de que el avión de Moreau sí que llegó a ser reparado, y si alguien tenía la intención de salir volando con él, estos eran Lucio Ruano, su hermano y las compañeras de ambos, que preparaban la huida de España. La historia habría sido, poco más o menos, que Ruano hizo sus preparativos para llevar la avioneta hasta Sitges, donde había un pequeño aeropuerto. Además de las maletas, el grupo se había hecho con un buen botín de joyas, acciones de la CHADE en España y numerosas acciones de ferrocarriles, minas, etc. Para la huida, habían adquirido una pequeña lancha que debía conducirles de Barcelona hasta Sitges. Pero Justo Bueno se enteró de sus planes por su cuñado, que era el encargado del garaje de Casanovas 29, y le prepararon una encerrona, seguramente con el asesoramiento de Manuel Escorza, que era principalmente quien dictaba y asumía los envites del Servicio de Investigación de la CNT. La cuestión es que Justo Bueno seguramente no recibió la orden del Comité Nacional o Regional de la CNT, si no que la orden llegó directamente del propio Manuel Escorza. Y él, junto con José Martínez Ripoll y Luis Latorre Mestre, puso en marcha la operación. Un día antes de la fecha fijada para la fuga, bajo el pretexto de tener un asunto urgente que tratar, quedaron con los Ruano en el garaje. En el momento convenido, Justo Bueno desapareció durante una media hora para acercarse a un bar de la Ronda de San Antonio, mientras que José Martínez Ripoll, Luis Latorre, Francisco Góngora Sender, Vicente Tomé Martín y algún otro soldado de la Columna Durruti que quería vengar la injusta muerte de sus colegas en el frente se encargaron de acabar con los Ruano y sus compañeras. Pero dudo de que Vicente Tomé Martín, que era también argentino, participara en la muerte de los Ruano, aunque fue uno de los hombres que más tarde resultaron inculpados en el asesinato de los Badia, lo que tampoco está nada claro.

Hay que saber que Justo Bueno Pérez era un anarquista de los llamados «puros». Juan García Oliver califica a los miembros de la FAI de «cabeza cerrada», porque buscan la perfección de las ideas y, una vez tienen la idea, difícilmente pueden cambiar de parecer; ese creo que era el caso de Justo Bueno y, también, de Manuel Escorza. Por ello, una vez en Barcelona, seguro que se encontró en más de una ocasión con Escorza, y se apuntó a la Comisión de

Investigación que dirigía Escorza desde la Casa CNT FAI. Manuel Escorza del Val era un hombre que, a la menor sospecha de una mala jugada, aplicaba la mano dura, un poco siguiendo la ley del talión. Aunque en el caso de Lucio Ruano, hay quien dice que se produjo una fuerte discusión entre Manuel Escorza y Justo Bueno por cómo habían ocurrido los acontecimientos.

De todos modos, es muy extraño lo que cuenta en su libro Dany Campanya referente a Carlos Villarrodona, que recibe un encargo de Lucio Ruano, Justo Bueno y José Ripoll, propuesta que acepta el 6 de junio de 1937, para marchar a París por cuenta del Gobierno Republicano español, con acuerdo de la CNT, con un ruso de apellido Cotof, y por lo que llegó a cobrar siete mil pesetas (Capmany *Quemar a Troncoso* [2024] p. 264). Me resulta un tanto extraño; no creo que tuvieran relaciones con la NKDV ni, por supuesto, que en ese momento del mes de junio, fuera hombre de Escorza en el interior. Ni siquiera en sentido de contraespionaje: recuérdese que apenas había pasado un mes desde las Jornadas de Mayo del 37 y anarquistas y marxistas no se podían ni ver.

Al parecer, el 15 de julio de 1937 fue el día que acabaron con la vida de los Ruano y sus compañeras, Pilar Brunet, compañera del hermano de Ruano, y una tal Carmen, que en aquel momento se encontraban en el lugar equivocado de la historia. Eran las ocho de la tarde. En el garaje había un miliciano llamado Francisco Lladó trabajando en la reparación de un motor: él fue quien presenció la escena y, asustado, decidió huir poco después de que Justo Bueno se marchara. Según cuentan, Francisco Lladó era un militante libertario bastante conocido, ya que su padre tenía una imprenta en la calle Llança.

Otros milicianos que trabajaban o pasaban con asiduidad por el garaje eran Luis Latorre Mestres; Vicente Ferrer Cruzado, del Sindicato del Metal; Antonio Moreno López, chófer de profesión y nacido en Mazarrón, Murcia; Rafael Ginesta Rueda, Valenciano, del Sindicato del Metal; Rafael Selles, quien después de este episodio marcho con la 25 División como corresponsal de prensa de *Solidaridad Obrera*; José Martínez Ripoll, y José Parés alias el Abisinio, a quien años más tarde encontraremos en el maquis.

Otra de las hipótesis sobre por qué se decidió eliminar a los hermanos Ruano está relacionada con la checa rusa de Barcelona, por la que había pasado más de un libertario desde mayo del 37, donde al parecer Lucio Ruano tenía contacto con Fraskasi, considerado un elemento marxista sumamente sospechoso.

El 16 de julio de 1937, tras la muerte de los Ruano y sus compañeras, Justo Bueno, José Martínez Ripoll y Luis Latorre Mestres marcharon clandestinamente al exilio en Francia, a donde llegaron el día 19. A su paso por Tarbes se enteraron de que el Gobierno de la República los buscaba, así que se separaron.

Bueno se fue a Toulouse, donde buscó trabajo para obtener algún dinero y volver a España, ya que tenía miedo de que le pasará alguna cosa a su padre o a su compañera. En el mes de septiembre volvió a Barcelona en un avión procedente de Toulouse, era el 5 de septiembre de 1937 y al parecer llevaba un pasaporte falso, a nombre de Antonio Giménez Núñez. Fue detenido por los comunistas, encerrado en una de sus checas y, posteriormente, llevado a la comisaría del puerto de Barcelona. Gracias al aviso que logró hacerle llegar a un primo suyo, llamado Domingo Bueno, lograron frustrar las intenciones de los comunistas, ya que en aquel momento el PSUC estaba bajo el dictado de la Embajada rusa, y el SIM, la policía comunista del momento, hacía estragos. Paso diecisiete días en la Jefatura Superior de Policía para luego ser enviado a la Modelo, acusado de quintacolumnista. Pero los anarquistas que aún conservaban algún tipo de poder consiguieron que fuera trasladado a Manresa para apartarlo de Barcelona y de los comunistas, que en aquel momento seguían empeñados en ajustar cuentas con él.

Mitin del Consejo de Defensa de Aragón, 1937

Trinchera anarquista del frente de Aragón, 1936

JOAQUÍN ASCASO Y ANTONIO ORTIZ

Ya habían pasado los mejores momentos del anarquismo. Estamos en Julio de 1937 y el anarquismo estaba retrocediendo por el empuje de las fuerzas contrarrevolucionarias de la República.

También en Aragón ocurrían cosas. La República, con las tropas de Enrique Líster, entró en Caspe para deshacer el Consejo de Defensa de Aragón, que se había oficializado a partir del nombramiento de Joaquín Ascaso Budria el 19 de enero de 1937 y que tanto molestaba al Gobierno republicano.

Mientras tanto, el Gobierno de la Generalitat y el Consejo de Aragón mantenían una fuerte relación económica e, incluso, había realizado un encuentro de coordinación aquel mismo año. Este encuentro se denominó Consejo Nacional de Economía. La Alianza con UGT en Aragón, según contaba Joaquín Ascaso, era muy buena y dinámica. Ascaso, en una carta larguísima publicada por Luis Andrés Edo y de la cual reproducimos aquí un fragmento, dice:

En el momento de la disolución del Consejo de Aragón en agosto de 1937, éste controlada a unos 600 pueblos libertarios más de medio millón de habitantes, 4619 consejeros municipales, regían en los municipios liberados[...]

¿Por qué fue posible y por qué se permitió la disolución del Consejo de Aragón? La primera parte de esta pregunta voy a exponerla, la segunda habrá que pedírsela al C N de la CNT FAI.

[...]creo que a primeros del año de 1937 fueron detenidos en la frntera franco-española, por los carabineros españoles, dos individuos, con un coche, en el cual había escondido una cantidad de oro y de Alhajas. Verificada su identidad, resulto

ser el Tesorero del CN y un miembro del CN de la CNT FAI. Amenazados de muerte si no decían a quién pertenecía aquel alhajo. Respondieron con la verdad escueta, sin apreciar el mal que podía acarear a la Organización a la cual pertenecían. En declaración firmada asentaron que aquel oro y alhajas al Comité Nacional de la CNT FAI y que el secretario general del mismo se les había entregado para que lo vendieran en Francia y comprar, con su venta, material y productos que necesitaba la organización.

En un Pleno de Regionales celebrado en Valencia, fue expuesta la delicada situación del Consejo por el Secretario de la Regional Chueca y yo mismo. En el Pleno dio conocimiento de lo que suponía para nuestro movimiento el sostenimiento o la anulación de la obra realizada en Aragón. Cataluña, Centro y Levante se declararon dispuestos a defender nuestra posición, con todas las consecuencias. Pero el secretario del CN y el Secretario del CN de D, llevaron al convencimiento de estas regiones que no se podía hacer nada y que era preferible perder momentáneamente Aragón. –Porque nuestras fuerzas eran insignificantes-, en comparación a las que tenía el Gobierno y los Comunistas y que seríamos irremediablemente aplastados. (Mentira absurda que sólo agentes de Moscú podían defender y plantear).

Acabado el pleno y cuando yo volví a Aragón, dispuesto a defenderlo si la mayoría de Regionales así lo entendían fui detenido a la salida de Valencia, que me mostró saber cuáles podían ser mis intenciones.

Delante del Juez Fiscal de la Republica Ortega y Gasset [...]¿Cometí un error al persistir ante el juez de hacerme responsable del alijo del CN? [...]Así salve a dos miembros del CN detenidos en la frontera al secretario del CN que irremisiblemente habría ido a la cárcel y a la organización entera. Yo permanecía 32 día detenido y Aragón se perdió para no recuperarlo más...

A mi salida de la cárcel, me presente al CN el cual me dijo
que estuviera en Barcelona a sus órdenes, del mes de septiembre
de 1937 al mes del 38 estuve esperando, paseando, esperando
que el CN me diera un servicio a realizar por la causa, compa-
tible con mis escrúpulos.

La carta continúa con las intrigas y las luchas políticas del momento por ocupar secretarías y comités regionales, los conflictos
con Indalecio Prieto y los comunistas, los pulsos con Companys,
quien busca, de nuevo, aliados en la CNT cuando se da cuenta
de que los comunistas no pretenden colaborar, sino que actúan
para imposibilitar cada vez más cualquier iniciativa autonómica
de Cataluña. Pero ya era demasiado tarde.

Lo que en este trabajo nos interesa en la situación personal
de Joaquín Ascaso y de Antonio Ortiz, así continua Joaquín en
su carta:

[...]la suplantación por la 31 División y ciertos grupos que
merodeaban del SIM y otros, por los alrededores, comprendi-
mos que algo anormal existía. Fue corroborada esta impresión
cuando un amigo nuestro nos denunció, que se hablaba de la
conveniencia de que ni Ascaso ni Ortiz llegaran a Barcelona.
Aislados en el monte, en el puesto de campaña, teníamos que
efectuar una marcha de 14 horas para poder llegar al C. G., y es
indudable que en estas condiciones podían cumplirse muy bien
los deseos que alimentaban contra nosotros. [...]La madrugada
del 5 de julio (1938). Al cabo de 15 días de sufrimientos morales
y materiales...
[...]En estos momentos se presentó ante nosotros un mi-
litante de la CNT (Justo Bueno) que se había escapado de la
cárcel de España, por no estar de acuerdo con los comunistas,
nos dijo: con el automóvil que tenía nos llevó a una casa que
tenía del departamento del Var; con toda sinceridad le expusi-

mos Ortiz y yo, las causas de nuestra situación vis a vis del CN y nuestros deseos de presentarnos ante los militantes. Mas yo le di a conocer el informe que había redactado, y el libro que ya terminado sobre la gestión de Aragón y la guerra en general, tenía dispuesto a publicar, la respuesta fue un intento de envenenamiento.

Faltos de valor para cumplir la orden de eliminarnos que este individuo y su banda habían recibido del CN nos llevaron hasta Marsella con la promesa de hacernos los papeles legales que nos permitieran circular por Francia y allí una vez en el hotel, el 10 de septiembre de 1938, nos denunciaron a la policía francesa por mediación del consulado español, afirmando que éramos anarquistas peligrosos. El CN de la CNT-FAI no sólo había renegado de su credo en España, sino que descendía más abajo, y en vez de eliminarnos, si es lo que merecíamos, se servía de la delación, de la policía, y de las autoridades burguesas otro país, para así juzgarnos sin defensa, Justo Bueno, pobre agente del C.R. como otros muchos que pululan por París, con dinero y galantes mujeres cumplían órdenes recibidas y el CN apoyado en su flamante Ministerio de Instrucción Pública, daba el visto bueno a nuestra extradición, exigida al parecer por los comunistas. Una vez en la cárcel escribí dos veces a Louis Lecoin para que dijera al CN que sí él creía tener razón en nuestro caso...

[...]La demanda de extradición llegó a nuestro poder en el mes de diciembre de 1938 y júzguese nuestra sorpresa al ver que estaba basada en el famoso alijo de oro y alhajas que correspondía al sacrificio que hice por salvar a la CNT y a sus comités. ...

Un saludo anárquico,

J. Ascaso, Prisión de Aix de Prov. 13 de enero de 1939

De la historia entre Joaquín Ascaso, Antonio Ortiz, Justo Bueno y José Martínez Ripoll nos han llegado versiones de Ascaso y de Ortiz. Nosotros intuimos otra de Bueno, que trataremos de entender y explicar en este escrito, aunque todo resulta extraño y complejo.

El 19 de agosto de 1937, fruto de la represión, estaban encerrados en la cárcel de Manresa un buen puñado de anarquistas. Era el momento de la represión de los llamados «incontrolados». Entre los presos, al parecer, estaban Justo Bueno, José Martínez Ripoll, Antonio Ordaz Lázaro, implicado en el lío de los Maristas junto a Aurelio Fernández (este preso en la Modelo) y otros anarquistas. Dieciocho lograron salir de la cárcel de Manresa y huir a Francia.

La fuga del preventorio de Manresa fue planificada y ejecutada con la colaboración de las organizaciones interior y exterior de la CNT. Había una lista de 65 presos que debían salir de la cárcel gracias a un excelente plan de evasión preparado y ejecutado metódicamente. Se fugaron dieciocho presos, algunos de ellos, según la prensa oficial del momento, de «notoria peligrosidad», como Ordaz, mano derecha de Aurelio Fernández, y el propio Bueno. He aquí la lista completa de los evadidos por orden alfabético: Juan Artero, Roberto Bigliani Boco (estaba en el frente de Aragón el 4 de octubre de 1936 en la Columna Del Barrio, era del PSUC, de origen Francés), Justo Bueno Pérez, Pío Coletas Robira, Antonio Céspedes Asencio (era un militante activo de las Casas Baratas de Prat Vermell que había participado en el asalto al cuartel de Lepanto en 1936), Silvestre Egea Fernández, Andreu Froment Froment, José Giménez Herrero, Francesc Massip Valls, Salvador Mellado Fernández, Antonio Ordaz Lázaro (del grupo anarquista Los Indomables, estaba en las Patrullas de Control , faista y masón, y fue lugarteniente de Aurelio Fernández), Jaume Orriols Cases, Josep Queral Miró, Santiago Queralt Brusi, Caricio Romero Corrador, Manuel Sidoncha Gómez, Doménech Vaca González y Richard Winger. Artero y Bigliani estaban presos por denuncias de las Brigadas Internacionales; Bueno, Egea, Massip, Mellado, Queral y Romero, por asesinatos; Ordaz, por desapariciones; Queralt y Coletas, por robo; Vaca y Orriols, por espionaje; Céspedes y Giménez, por tenencia ilícita de armas; Winger y Froment, en espera de ser expulsados del país; y, finalmente, Manuel Sidoncha, por hechos acaecidos en el frente de Sariñena.

Como refleja Agustín Guillamón en su artículo sobre Justo Bueno, Joaquín Ascaso y Antonio Ortiz, acusados de robo de joyas, fueron también detenidos, pero consiguieron pasar a Francia por Andorra. (Guillamón «Justo Bueno, 1907-1944»). Justo Bueno, una vez en Francia, trabajó con más ahínco para Escorza y su cuñado, José Minué Franco. Sin duda, tal como Antonio Ortiz le dijo a Antonio Téllez, estos tres siguieron la consigna de Manuel Escorza, quien, al saber que Ortiz y Ascaso habían sido destituidos del Consejo de Aragón por las tropas de Líster siguiendo órdenes del Gobierno republicano, creyó que se iban a llevar millones en joyas y valores.

En Francia, Bueno se puso inmediatamente a aportar información al Servicio de Investigación de la CNT dirigido por Manuel Escorza, que, ojo avizor con el tema del botín de alhajas y demás, no estaba dispuesto a dejar pasar ni una, fuera quien fuese, y ahora la sospecha recaía en dos destacados militantes del movimiento libertario. La carta que le llega a Justo Bueno sobre Ortiz y Ascaso, quienes eran sus amigos, muestra la poca confianza en los comités. Dice Ortiz:

Nuestra situación es segura pero muy delicada. Desde donde estamos no es posible acudir a un sitio y coger un automóvil como nos propones. Por eso agradeceríamos algunos papeles para salir de aquí y entonces reunirnos contigo. Te adjuntamos unas fotos y los datos necesarios para ello. Esperamos de ti hagas los posibles por nosotros y te rogamos que guardes la más absoluta discreción en espera de que podamos hablar fuerte e informes a la Organización de nuestro éxodo. Pero nuestra intención es informar en su día a toda la Organización, no a los Comités.

Si puedes conseguir unos pasaportes sudamericanos —ya hemos recibido uno— no repares en algún gasto. Nuestras posibilidades son medianas, pero apechugaremos con lo que fuere.

Si nosotros conseguimos garantizar un poco nuestra personalidad —no tenemos ni un papel— conseguiríamos entonces la solución de todos los demás amigos. Recibe un abrazo de tus amigos Antonio y Joaquín

En el libro sobre Ortiz, *Ortiz, general sin dios ni amo,* se dice:

Ellos antes de pasar se procuraron bien, unas veces desde el Consejo de Aragón, otras desde otros lugares, colocar en Francia enormes cantidades de oro y divisas, particularmente en las bancas francesas de Burdeos. En la actualidad se sabe por nosotros a ciencia cierta que las cantidades de que puedan disponer son de varios millones de francos. La policía francesa considera que son 150 millones de francos los depositados desde hace tiempo por esta gente...

[...]Nosotros estamos dispuestos a terminar el asunto como sea, por entender que será la única forma de desengañar a unos cuantos que esperan seguir el mismo camino que aquellos. Así pues, estamos convencidos de que hagan todo lo que quieran, nosotros realizaremos lo proyectado.

Ellos están al corriente por correspondencia de Barcelona, de los acuerdos que por muy privadamente que los hayáis tomado se plantearon en la Organización de su fuga.

El asunto de la eliminación de Joaquín Ascaso y Antonio Ortiz estaba preparada por José y Justo Bueno que formaban la red de espionaje del anarquismo en Francia, optaron por el envenenamiento para ello hicieron venir a Facundo Roca de París con el arsénico y este pidió a Mimi compañera de Durruti para que esta desconociendo el destinatario llevara el arsénico hasta el lugar donde se encontraban.

Justo ha hablado con ellos y están en relación. Todo está previsto para la sanción. Justo ha tomado la iniciativa en el momento oportuno para llevarlos consigo. Zona 3 había propuesto una acción más inmediata, pero se ha aplazado por decisión de la mayoría. La impresión es que salvo traición todo irá como lo desea la central
(Gallardo y Marquez *Ortiz, general sin dios ni amo* [1999] p. 259)

Carta del 13 de agosto del 38 a José:

Desde tu visita tengo la cabeza que me da más vueltas que un tiovivo o carrusel. No hago más que pensar en la solución de nuestra situación y darle vueltas al asunto.
Apenas te fuiste le escribí a J(Justo?). para ver que le parecía. Supongo que habrás hablado con él y te habrás enterado de los temores de que nos quieren trincar. Esto ha aumentado mi mala hostia y la casa se me viene encima. Es decir, me pesa este pueblo como una losa de plomo.

Marquez y Gallardo se preguntan para qué necesitaban a Justo Bueno y a José Martinez Ripoll si quien estaba solucionado el problema de la documentación era Jean Salvat, un socialista de Bourg Madame. Detrás de Facundo Roca, en aquel entonces del Comité Nacional, es casi seguro que está Manuel Escorza con su purismo (Gallardo y Marquez *Ortiz, general sin dios ni amo* [1999] pp. 253-254).

El asunto es que, desde Barcelona, encargaron a Justo Bueno que acabará con la vida de ambos y para ello se escogió, como en una novela de Agatha Christie, el veneno. Naturalmente supongo que debía también recuperar las joyas, por lo que Justo Bueno se convertía en una especie Hércule Poirot. Fuera de coñas, el asunto era más serio que todo eso, y Justo Bueno, que era un gran amigo de Ascaso y sobre todo de Ortiz, debía cumplir una orden que no le gustaba para nada, pero que venía del Comité Nacional, donde estaban en aquel momento militantes destacados de la organización como Abad de Santillán, Marianet, Esgleas o Facundo Roca; por descontado, todos siguiendo los argumentos de Escorza. Aunque Bueno no estaba seguro de nada, llegó a conseguir arsénico para envenenar a los dos. Este fue proporcionado por Facundo Roca, compañero del Comité Nacional. Mimi, compañera de Durruti y de nacionalidad francesa, lo paso por la frontera y se lo entregó a Bueno, que se negó a usarlo.

En aquella época, todos los del Comité Regional que rondan por la delegación de París, como Martorell, Nemesio Gálvez, Facundo y Minué, están principalmente interesados en los movimientos de un traidor a la República como era Ventura Gassol. Probablemente la preocupación por seguir la pista de Ventura Gassol contribuyó a que Ascaso y Ortiz pudieran seguir su camino y llegar hasta América, recalando en Venezuela, no sin antes luchar por salir de aquel embrolló de las joyas y las riquezas que nunca tuvieron.

Lo terrible de esta historia es la actitud del CN de la CNT y, probablemente, de Manuel Escorza hacia compañeros que intentaron desde el primer momento explicar cuanto ocurría en Aragón y que nunca fueron escuchados. El exilio en Francia era un nido de víboras, por todas partes se hallaban servicios de investigación de toda índole, todo era descarnado e inhumano; difícilmente un anarquista que se preciara podía moverse por ese mar de mierda, tan plagado de traiciones y de sospechas que apenas sabía uno por dónde tirar, qué creer y por qué opción optar. Allí estaban los servicios secretos franceses, ingleses, alemanes, americanos, italianos, pero también los republicanos de todos los colores, los rusos, los católicos vascos y, por descontado, los franquistas. Nada estaba claro, todo eran negocios turbios. Y aún no había empezado la Segunda Guerra Mundial, pero ahí estaban los anarquistas de Escorza con Minué, su cuñado, en medio de este monumental embrolló, implicados en el contrabando de todo, de armas, de joyas. Todos engañaban a todos.

Pero volvamos a 1937. Aunque las organizaciones anarquistas aún contaban con mucho peso en la calle y tenían mucha militancia, iban, sin duda, perdiendo peso político. Ya nada era lo mismo. Aunque nuevas organizaciones anarquistas, como Los Amigos de Durruti trataban de enderezar y radicalizar el conformismo de los órganos de decisión el movimiento libertario.

Justo Bueno Pérez y José Martínez Ripoll recibieron varias órdenes de extradición del Gobierno de Negrín. La última de estas peticiones al Gobierno francés fue enviada el 1 de enero de 1939, cuando faltaba poco para que los nacionales entraran en Barcelona.

Los viejos anarquistas que habían vivido y luchado en las barricada, sabían que la revolución duró lo que duró el Comité de Milicias Antifascistas, con todos sus inconvenientes. Pero algunos, más generosos, creían que la revolución duró hasta el asalto a la Telefónica, el 4 y 5 de mayo de 1937. A partir de este momento el movimiento libertario cayó en picado: el Consejo de Aragón, los problemas de la Fatarella casi al unísono (el 25 enero de 1937), el control de la frontera en Puigcerdà en los meses de marzo y abril con Antonio Martín, conocido como el Cojo de Málaga, y los Hechos de Mayo del 37.

VOLVAMOS A CASANOVAS 29

Sigamos con los hermanos Ruano y otro de los episodios en el garaje. Como hemos dicho antes, los Ruano fueron ajusticiados y enterrados allí mismo. En aquel tiempo Cataluña estaba plagada de estos cementerios clandestinos. Aunque nunca he encontrado la referencia periodística de la muerte de estas cuatro personas, en el libro *Anarquistes i baixos fons* se habla del informe del Hospital Clínic sobre los cuerpos encontrados en Casanovas 29. El juez instructor de la causa de los cementerios clandestinos, Josep María Bertrán de Quintana, según el informe aparecido en la comisaria de Vía Layetana, habla de que en 1938 Eudaldo Clotet, auxiliar práctico de hospitalización, fue la persona responsable de sacar los cadáveres del garaje de Casanovas y menciona que fueron cuatro: dos varones y dos mujeres. Aunque en algún que otro informe se habla de cuatro varones y dos mujeres. De todas formas, la identidad de uno de los varones no queda clara, ya que en ningún momento es desvelada por el juez (Dossier Justo Bueno, Sumario 27059).

Era la noche del 14 de agosto de 1937, la Brigada de Investigación Criminal llega al garaje de Casanova 29 por un chivatazo a cerca de treinta mil armas escondidas. Aunque solo encuentran unas pocas, sí encuentran joyas de plata y oro en abundancia y, al continuar excavando, dos días después, aparecen restos humanos. Como se sospecha que uno de los cadáveres puede ser de origen francés, el cónsul de Francia en Barcelona se interesa por esta historia. (Capmany *Quemar a Troncoso* [2024] pp. 316-317)

Los cementerios clandestinos no eran una broma y aparecían con cierta frecuencia por toda la geografía catalana. Pero, como siempre, todo el peso de la justicia recae en los mismos: el odio es clasista y siempre se dirige a los más pobres. Por eso, aunque las Patrullas de Control estaban formadas por miembros de todos los partidos, la sospecha siempre recae en los mismos, en los anarquistas (Vázquez Osuna *Anarquistes y baixos fons* [2015]).

En los años cuarenta, en un episodio un tanto extraño que ya hemos mencionado antes, la policía de Vía Layetana reconstruye el asesinato, en plena República, de un policía llamado Vizern, asesinato en el que dicen que intervinieron José Martínez Ripoll y algunos milicianos que lo acompañaban. Fruto de pruebas circunstanciales, al comprobar que este policía había declarado en contra de Justo Bueno y le había acusado de ser uno de los responsables de la muerte de los hermanos Badía, concluyen que Bueno, al ver un día al policía cenando en el bar Velódromo en la calle Muntaner, decidió bajar del coche en el que circulaba y asesinarlo. Hecho que, como tantos otros, está pendiente de contrastar y resulta inverosímil, ya que Justo Bueno se encontraba en el frente de Aragón el día que ocurrió el asesinato.

De todas maneras, era evidente que los hombres de la CNT en la retaguardia ya no tenían la misma protección que al inicio de la revolución. Recuérdese, por ejemplo, cómo el propio Aurelio Fernández, máximo responsable de la seguridad en Barcelona a partir del 21 ó 22 de julio del 36, había acabado en la cárcel por simples sospechas, igual que Antonio Ordaz Lázaro, acusado de la tentativa de atentado contra Josep Andreu, presidente del Tribunal Popular, ya en tiempos de la descomposición de la revolución.

JOSEP ASENS GIOL

Josep Asens Giol era uno de los hombres de confianza de Aurelio Fernández Sánchez. Nacido en Barcelona el 15 de julio de 1900, sus padres eran José Asens, natural de Barcelona, y Pilar Giol Aragonés, nacida en Porrera, Tarragona. En 1900, cuando nació, ellos tenían 22 y 21 años respectivamente.

El 20 de julio de 1936, cuando ya había caído el cuartel de Atarazanas, último reducto fascista de la ciudad, Aurelio Fernández Sánchez es uno de los miembros del Comité de Defensa de la CNT en Barcelona que acude a una reunión convocada por Lluís Companys. Aurelio asiste a la cita en la sede de la Generalitat junto a Buenaventura Durruti, Josep Asens Giol, Abad de Santillán y Juan García Oliver. Lluís Companys llamaba a los representantes de la CNT-FAI no por capricho, sino porque estaba asombrado de su actuación y se daba perfecta cuenta de que las organizaciones anarquistas tenían el poder político y social en la ciudad. Los miembros del Comité de Defensa salieron todos juntos hacia la plaza de la República desde el Comité Regional, que en aquel momento estaba en el local del Sindicato de la Construcción de la CNT de la Calle Mercaders 26 (Amorós *Durruti en el laberinto* [2006] p. 20).

El día 23 de julio a la salida del pleno confederal, Aurelio Fernández, como delegado de la FAI junto a Abad de Santillán, participa en la reunión en la que se constituye el Comité de Milicias Antifascistas de Cataluña. Las Patrullas de Control estaban formadas por setecientos hombres: 325 de la CNT, 145 de la UGT, 45 del POUM y 185 de Esquerra Republicana. Como secretario general de estas, encontramos al anarquista José Asens Giol, mientras que Aurelio es el responsable de todos ellos (Aisa *Tras las huellas de una vida generosa* [2017] p. 117.)

Aurelio y José Asens se pusieron en marcha para organizar unas Patrullas compuestas por los militantes obreros que habían delegado los sindicatos y que tenían la doble misión de velar por el orden revolucionario, según instrucciones del Comité Central de Milicias Antifascistas, y de mantener el contacto con los sindicatos y los comités de barrio para actuar conjuntamente en caso de una contrarrevolución.

Abel Paz recoge en su libro sobre Durruti una serie de puntos sobre el cometido de las Patrullas de Control de entre los que nos parece interesante mencionar los dos últimos:

6º. A fin de reclutar elementos para las Milicias Antifascistas, las organizaciones que constituyen el comité quedan autorizadas para abrir los correspondientes centros de alistamiento y de adiestramiento. Las condiciones de este reclutamiento serán detalladas en un Reglamento interior.

7º. El Comité espera que, dada la necesidad de constituir un orden revolucionario para hacer frente a los núcleos fascistas, no tendrá necesidad, para hacerse obedecer, de recurrir a medidas disciplinarias.

El documento lo firman Buenaventura Durruti, Juan García Oliver, José Asens, Diego Abad de Santillán y Aurelio Fernández (Paz *Durruti: El proletariado en armas* Bruguera [1978] pp. 387-389).

En poco tiempo se constituirá un gobierno de CMA. El 6 de agosto de 1936 se forma un gobierno en Catalunya en el que no figura ningún comunista y que dura hasta el 26 o 27 de septiembre de ese año. Es un gobierno donde, por primera vez, figuran miembros de la CNT y la FAI: Marcos Alcón, Josep Asens, Aurelio Fernández y Juan García Oliver. Enterados estos de la maniobra política, intentan responder a lo que entendieron como una artimaña de Companys y Marianet que los Comités probablemente no supieron leer. García Oliver y los demás lo entienden cómo una traición a los compañeros que han asumido una responsabilidad y que no han sido tenidos en cuenta. Este contratiempo político es, sin duda, el inicio del fin del Comité de Milicias Antifascistas, que representaba el poder que manaba del pueblo. El Comité ya sufre, en muy pocos días, las tentativas de los políticos que intentan desestabilizar la revolución (García Oliver *Eco de los Pasos* [1987] pp. 213-214).

Continuamos con Josep Asens, que participa activamente con Aurelio en una vida política cada vez más cargada de intrigas. En una reunión del Comité de Milicias celebrada el 2 de septiembre de 1936, hay una discusión enconada sobre el Comité de Abastos de Lleida. Intervienen en esa discusión, además de Aurelio Fernández, Gironella, Abad de Santillán, Artemi Aguadé, Marcos Alcón, Josep Torrents, Tomás Fabregas, Rafael Vidiella, José Asens, Lluis Prunes y Miret. En esta misma reunión, Josep Asens propuso una investigación sobre Antonio Ortiz, destacado en Caspe con su columna de milicianos, que también participaría en el Consejo de Aragón y cuyo hombre principal fue Joaquín Ascaso. Aurelio Fernández se opuso a esta investigación, alegando que la propuesta no iba por el conducto del Comité de Milicias Antifascistas. Asens hizo constar también que las Patrullas de Control de las que disponían eran insuficientes para el volumen de servicios asignados (Martín y Tarradellas, Comitè de Mílicies Antifeixistes i Generalitat de Catalunya, *Ordre públic i violència a Catalunya (1936-1937)* [2011] p. 64).

Ante la necesidad de conseguir armas, Asens viaja en octubre de 1936 a Suiza y es apresado. Su detención pudo deberse a la imposibilidad de encontrarse con Justo Bueno, que hacía muy poco había vuelto a Barcelona desde Francia y había sido detenido con un documento a nombre de Antonio Giménez Núñez, probablemente destinado a Asens. Gracias a los contactos de ciudadanos suizos en Barcelona, a quienes Aurelio visitó, pudo Josep Asens salir libre del embrollo, aunque creo que no consiguieron las armas.

Pocos días más tarde, en otra de las reuniones presididas por Artemí Aiguader, consejero de Esquerra Republicana, de nuevo se pone sobre la mesa el tema de la disputa por el control de la seguridad. Aurelio consideraba que Artemí era el responsable de informar al Gobierno de la Generalitat, pero que el orden público recaía en su persona como secretario de la Junta de Seguridad. La pugna política estaba servida. En estas reuniones, Aurelio contará siempre con el apoyo incondicional de Dionisio Eroles y, más tarde, de Josep Asens. En abril de 1937, cuando ya Aurelio ha pasado a un segundo plano en el poder político, los únicos escollos que tiene que salvar el PSUC son Dionisio Eroles y Josep Asens, aunque, indudablemente, no tienen tanto peso político como Aurelio Fernández. Faltaba poco para las Jornadas de Mayo del 37 y la decadencia de las Patrullas de Control.

Pasado un año, en abril de 1938, tiene lugar en Barcelona un pleno de militantes de todas las organizaciones libertarias. Es un momento de desencanto y la sensación de que de la guerra se está perdiendo flota en el ambiente. Se decide formar un Comité Ejecutivo del Movimiento Libertario que estará integrado por Juan Doménech, Josep Asens, Francisco Isgleas, Juan García Oliver, Abad de Santillán, José Xena, Germinal Esgleas, Fidel Miró y el propio Aurelio Fernández (García Oliver, *El eco de los pasos* [1978] p. 504).

Durante todo aquel tiempo, Asens vivió en el 173 de la calle Sepúlveda en Barcelona con su compañera, Amèlia Valera Lozano, nacida en 1902; con sus hijos, José y Rosa, nacidos en 1921 y 1923 respectivamente, y con sus padres, José y Pilar. En 1939 se exilió y acabó encerrado en el campo de concentración de Saint Cyprien, de donde salió para formar parte de los batallones de trabajadores en Barrage de l'Aigle, donde empezó a reorganizar la CNT. Asens será uno de los primeros compañeros que en los tiempos de la Segunda Guerra Mundial se mueva para organizar el Movimiento Libertario en Francia.

El 6 de junio de 1943 participa en un pleno celebrado en l'Aigle, donde es nombrado secretario del Comité de Relaciones del Movimiento Libertario Español en Francia. En verano de 1943, bajo pretexto de ir a hacer la vendimia por el Mediodía francés, Asens viaja para intentar coordinar a los compañeros dispersos por la región e intentar contactar con Largo Caballero, a quien se creía en Carcasona.

A finales de agosto de 1943, miembros de CNT y del Partido Comunista Español se reunen en el Hotel Riviere de Laferriere. Josep Asens Giol forma la cobertura, junto a cenetistas y comunistas, por si apareciese la Gestapo. En julio de 1944, puestos al corriente del accidente sufrido por Severino Campos y Germán, viaja junto a José Berruezo hasta la clínica clandestina donde se hallan ingresados para conocer detalles y fechas de contactos, pero no consiguen conectar con los enlaces.

JUSTO BUENO ES RECLAMADO A FRANCIA POR LA REPÚBLICA ESPAÑOLA EN RELACIÓN A LA DESAPARICIÓN DE JEAN MOREAU

Como consecuencia de lo ocurrido con los hermanos Ruano, Justo Bueno y sus compañeros se marcharon a Francia para poner tierra de por medio. Pero la desaparición de Jean Moreau también trajo sus consecuencias para Justo Bueno, Luis Latorre y José Martínez Ripoll. Estos, una vez pasada la frontera se dividieron: Justo marchó para Toulouse y después a Marsella; José Martínez Ripoll, al parecer, estuvo por la zona de Toulouse, y Luis Latorre se fue a Tarbes y más tarde a Aix-en-Provence, donde fijó su residencia en la calle Miraveaud, en casa de un francés llamado Jean David que le proporcionó nueva documentación a nombre de Juan Moliner. Con ella se movió por Aix-en-Provence hasta el 8 de marzo de 1939, cuando fue detenido.

Del Garaje de Casanovas 29 se ocupan entonces los milicianos Ramón Casado y José Bryz Bea, que en agosto de 1937 serán requeridos por el fiscal de la República, Eugenio Olavarrieta. Olavarrieta pasó en aquel momento a instruir el caso que había atraído tanta atención, el del cementerio clandestino casi en el centro de la ciudad.

El gobierno de Negrín pidió la extradición a España de los tres anarquistas por la causa del piloto francés, aunque había sospechas de que este estaba vivo y andaba por Francia, y, por su parte, la policía francesa había retenido e interrogado a algún ciudadano francés como sospechoso del asesinato.

Fueron varias las peticiones de extradición: la primera fue el 15 de octubre de 1937; otra, el 2 de enero de 1939, cuando ya el frente del Ebro se resquebrajaba y quedaban muy pocos días para que las tropas franquistas entraran en Barcelona. La extradición se concedió finalmente cuando el 11 de agosto de 1929, cuando los franquistas estaban ya en el Gobierno.

Justo Bueno es detenido en Marsella, donde estará hasta marzo de 1940. La policía francesa lo envió hasta el puesto fronterizo de Port Bou, donde fue recibido por la Guardia Civil. Llegó a Figueras el 12 de marzo de 1940 y a finales de abril de 1940 fue enviado a Madrid y puesto a disposición de la Dirección General de Seguridad. Cuando ingresó en la prisión Príncipe de Asturias en Madrid, llevaba un reloj de pulsera Longines con correa flexible de acero inoxidable, una pluma estilográfica color verdoso marca Parker, un lapicero de cuatro colores de metal blanco, un encendedor cuadrado marca Ousill, metal amarillo, un billete de cincuenta francos y uno de cinco francos, uno de cien pesetas, de los llamados rojos, tres monedas de franco y una de cincuenta céntimos de franco. Era el 2 de julio de 1940, cuando fue trasladado al local de la calle del Fomento. Posteriormente se le traslado a las Salesas de Madrid, después fue enviado a la cárcel de Carabanchel y, unos 25 días después, a la cárcel de Porlier, también en Madrid. Salió en libertad de esta prisión el 30 de julio de 1940. Una vez en libertad, marchó directamente hacia Barcelona.

El 13 de diciembre de 1940 la Brigada Político Social de Vía Layetana lo sitúa en Casablanca, donde un travesti, Luis C. Cortés, le dedicada una foto a María Bueno Pérez, quien, según la policía, era Justo Bueno. Es un dato sorprendente, porque en aquella época no era fácil salir del país para después volver a pasear por la Rambla. Creo que, no es más que un bulo de los que se construían en Via Layetana 43, para caracterizarlo, según el pensamiento franquista de la época, de degenerado.

El 30 de junio de 1941, el comisario de la Brigada Político Social y jefe de la Jefatura Superior de Policía de Barcelona, Eduardo Quíntela, hace constar que Justo Bueno Perez fue detenido en la Rambla de Barcelona el día anterior a las 12 del mediodía. A continuación, pasa revista a su persona: 33 años, casado, tornero mecánico, hijo de Justo y Vicenta, de Munébrega, Zaragoza, que actualmente vive con su padre, domiciliado en la calle Borell, 57, 3° 1ª de Barcelona. En la nota escribe Eduardo Quíntela que es: «[...]destacado de la delincuencia social fomentada por CNT FAI a cuyos organismos pertenecía, enemigo de la sociedad y de las leyes y se agravó y aumentó considerablemente durante la guerra civil». Quíntela sin duda está en el poder y no tiene reparos en hacer prevalecer su discurso ante la lucha de clases. Uno, Justo Bueno, lucha por un mundo mejor; el otro, Eduardo Quíntela, por mantener los privilegios de la clase dominante. Quíntelase dedica a mezclarlo todo en su informe pues sabe que no será cuestionado ni, mucho menos, contradicho en sus argumentos. Nos dice, por ejemplo, que la muerte de Calvo Sotelo en Madrid el 13 de julio de 1936 propició que los anarquistas asesinaran a Miguel Badia el 28 de abril del 36. Es un absurdo, pero así contextualiza su informe sobre aquel crimen y sobre los anarquistas a quienes acusa. Escribe Quíntela:

[...] asesinado Calvo Sotelo en Madrid y se creía que de nuevo Badia pasaría a ocupar el cargo de jefe comisario de la policía en Barcelona, Orden público, y de triste recuerdo en su primera etapa como comisario con los obreros catalanes, así se lo hizo saber(Bueno)a Ruano que estuvo de acuerdo, Ruano se encargó de buscar los materiales para realizar el trabajo. El coche y las armas fue facilitado por Jaime Riera, que después estuvo de jefes de las patrullas de control en el local de la calle Balmes de Barcelona. Bueno y Ruano, buscaron a los colaboradores Tomé y Martínez Ripoll, se buscó la hora indicada por un Sastre que trabajaba en la calle Hospital un tal Valero, les dijo cuándo y dónde encontrarlo. Miquel Badia salía diariamente de su casa, (Calle Muntaner) a donde se apostaron Justo Bueno y Ruano, Tomé conducía el coche para escapar y

Martínez Ripoll con una Pistola ametralladora guardaba la retirada, salieron los dos hermanos juntos, entonces Bueno cogió del brazo a Miguel y le disparó un tiro en la cabeza y otro en el estómago, el hermano de Badia se echó encima de Bueno, pero ruano lo redujo matándole también a él. Mientras con la pistola ametralladora Martínez cubría a los miembros de la acción Bueno y Ruano, huyeron en un coche dirección al barrio de Sans donde abandonaron el coche, marchando cada uno por su lado, Bueno, cogió el metro y luego fue al bar Rosales habían pasado 15 minutos y empezaron a llegar rumores en los que él también intervino.

(Causa general 27059).

Quintela le tenía ganas a Justo Bueno y se inventó, una vez más, una historia que resulta imposible y que no es más que una mentira tras otra.

Sobre la extradición, encontramos un documento de Eduardo Quíntela que nos dice que en Madrid dieron prioridad a los hechos de la guerra civil sobre los ocurridos durante la República. Como había sido una extradición requerida por el Gobierno de Negrín, los tres anarquistas fueron puestos en libertad. A partir de entonces ya nunca más supo de José Martínez Ripoll.

Cuando Justo es detenido e interrogado acerca de su compañero José Martínez Ripoll, contesta que ignora qué hizo este tras ser puesto en libertad. Aunque es probable que volvieran a Barcelona los dos juntos, Martínez Ripoll con toda seguridad cambió de identidad inmediatamente.

Después del interrogatorio a Justo Bueno Pérez, a quien hicieron cantar lo que no estaba escrito, seguro que con métodos que no fueron de buen rollo, pues ya tenemos experiencia del trato que se recibía en aquellas dependencias de Vía Layetana 43, conocida como «el Molino Sangriento» y ahora «el Cau de la Bèstia», no se puede ni debe tomar en consideración todo lo que de allí salió, sino todo lo contrario. Y asíe es como la policía franquista va construyendo el relato que les es propicio, relato que a nosotros no nos sirve.

Evelio Boal

LUIS LATORRE MESTRES

Latorre Mestres en principio no había sido extraditado como Justo Bueno y José Martínez Ripoll. Seguramente Luis desconocía la suerte de Justo y José. Él entró a España por Irún el 17 de marzo de 1940 y fue retenido y encerrado en la prisión de esa localidad. La detención se ejecutó por orden de la Dirección General de Seguridad, que recibía órdenes del Ministerio de Asuntos Exteriores. El 24 de mayo de 1940, el juzgado de instrucción de Zaragoza solicitó los antecedentes de Latorre, y el 30 de mayo de 1940 fue puesto en libertad, lo que le hizo sentir un gran alivio al creer que había superado una gran adversidad. Pero fue reclamado de nuevo mientras vivía en el piso primero de la calle San Juan, 5 de Zaragoza.

Una vez Eduardo Quintela y Pedro Polo le echan el guante, pasa una temporada en la Modelo de Barcelona. Hay constancia de una carta suya firmada el 14 de febrero de 1942 en prisión.

En el momento de ser detenido, Latorre Mestres, tenía 28 años, era conocido bajo el seudónimo de "Arroyo", era soltero, amanuense en ocasiones, hijo de Felino y María y vivía en Zaragoza con su hermana Rosita, que cantaba Tangos en una academia de baile llamada Conga. En Francia había cambiado su identidad por la de Juan Moliner.

Tras pasar en la cárcel unos cinco meses, fue puesto de nuevo en libertad y marchó a vivir con su hermana. Debía presentarse cada quince días en la comisaría de Zaragoza. Creyendo que todo había pasado, pidió permiso para volver a Barcelona, donde se puso a trabajar en una empresa propiedad de su tío que se dedicaba a la construcción de hornos. Su tío vivía en la calle Blai 33, 3º 3ª.

Eduardo Quintela apenas tenía información sobre Luis Latorre, pero, según contaba, todo lo que constaba en su historial revolucionario se lo había proporcionado Justo Bueno Pérez durante sus interrogatorios. La información de que era uno de los empleados del garaje de Casanovas 29 coautor del asesinato de los hermanos Ruano junto con Vicente Ferrer Cruzado, Antonio Moreno López, Rafael Ginesta, Rafael Selles, José Martínez Ripoll, José Pares «el Abisinio» y el propio Justo Bueno, se puso a disposición del juez militar de guardia. Latorre, al ser interrogado, dice que, unos minutos antes de que ocurrieran los hechos, Martínez Ripoll, que era el encargado del garaje, lo mando a tomar una cerveza junto a un soldado de la Columna Durruti, un tal Góngora, ya que iban a ser descargadas unas armas y no querían que se enteraran de lo que iba a ocurrir. Latorre y Góngora fueron hasta la Granja Royal, en la Ronda de Sant Antoni. Al regresar, no recuerda si fue Bueno o Martínez quien les impidió ver los cadáveres. Al pobre Luis Latorre, Quintela y Polo lo atosigan a preguntas y este responde como puede, entre hostias y otros métodos empleados en aquel momento, como la privación de comida y sueño durante varios días. Así le hacen recordar que del garaje salieron Liberto Ros Garró, José Mariño Carballada, un tal Gómez «el Terrible», que era el presidente del Sindicato del Metal, Rafael Selles, Vicente Ferrer Cruzado, José Martínez Ripoll y José Pares el Abisinio. Luis Latorre, según nos dice Quíntela, insistió en su inocencia y en la del soldado Góngora. Firma el documento del interrogatorio conjuntamente con Quíntela el 10 de julio de 1941. Al terminar este informe, el propio Quíntela muestra su preocupación e impaciencia por encontrar a José Martínez Ripoll, ya que anda huido y quiere echarle el guante.

Ripoll es, junto a Bueno, una de las piezas importantes de esta causa general que Quintela quiere componer.

Al día siguiente, Quintela tiene en su despacho a Francisco Góngora Sénder para ser interrogado. Góngora, de 45 años, nacido en Alcolea de Cinca, Huesca, casado, ajustador, hijo de Joaquín y Joaquina, con domicilio en la calle del Tigre 8, 3º 3º, recuerda que un día lo mandaron a tomar una cerveza con Luis Latorre y que, cuando volvieron, no le dejaron entrar al garaje. En aquel momento conoció a otro compañero llamado Basilio, otro personaje que Quíntela deberá implicar en la historia. Sin duda, Góngora no tenía demasiado interés para Quíntela, que además lo tenía como un reservista de la Columna Durruti. Desconocemos, por el momento, si llegó a tener su consejo de guerra; en el consejo a Justo Bueno y Luis Latorre no aparece más que citado.

Por aquellas fechas, Quintela recibirá un anónimo con referencia a Justo Bueno en el que se pone en su conocimiento que este siempre andaba con José Sala Belda, que era uno de los encargados de la checa del Banco de España. Sala Belda está retratado como un gran torturador. Pero, hasta ahora, nosotros solo hemos encontrado a Antonio Sala Belda, un sanitario que marchó al frente de Aragón el 29 de agosto del 36 con el ánimo de curar las heridas de los milicianos, por lo que esta información es cuestionable. En aquel tiempo, las delaciones para salvar el pellejo estaban a la orden del día.

Otras de las muertes que intentan endosar a Justo Bueno son las ocurridas en el pueblo de Alborge, Huesca. Para ello piden los informes de la Falange Española Tradicionalista del lugar, que responde que no conocen a Justo Bueno y que sus actividades en la zona no son de destacar. El documento lo firma el jefe local falangista, Teófilo Torrecilla. En la misma línea está el documento firmado por el alcalde del Alborge. Ambos informes están fechados el 14 de agosto de 1941. Y así mismo ocurre en otros pueblos de la zona, que no tienen ninguna referencia de Justo Bueno, ni tan siquiera de su comportamiento durante la revolución.

Citamos aqui un fragmento de una carta de Latorre enviada al juzgado militar, que aparece en el Dossier 18238.

Luis Latorre Mestres ... actualmente preso y procesado por este digno juzgado militar en autos dimanantes de la pasada rebelión marxista, comparece y como en derecho mejor procede, dice: Que viene sufriendo prisión preventiva, por varios meses por razón de este sumario y como quiera que no ha depuesto todavía en el mismo, y le interesa muy mucho, desvirtuar los hechos que se le imputan añadiendo datos a los que puedan obrar en autos que no contribuirán eficazmente al esclarecimiento de los hechos facilitando como secuela la acción de la justicia, interesa le sea tomada una declaración máxima, teniendo en cuenta, que al serle notificado el auto de procesamiento se ha omitido la indagatoria, declaración fundamental, en todo sumario y por el código de justicia militar es considerado como imprescindible, hasta el punto que es sumisión fundamental, a espera de la revisión del Consejo de Defensa Nacional.

(Dossier documento 18238. Fragmento de una carta de Luis Latorre Mestres)

Es esta una carta en la que Luis Latorre Mestres muestra su cansancio sobre la provisionalidad y que lo que realmente quiere es que empiece el juicio para poder aclarar su situación.

PROCESO CONTRA JUSTO BUENO PÉREZ Y LUIS LATORRE

Dossier Consejo Sumarísimo Justo Bueno 27059:

Regulo Fernández Fernández, Sargento de infantería, Juez Instructor comandante de infantería, Juan Brechtel Cardenas certifico sumario ordinario 27059 contra Justo Bueno Pérez. Presenta atestado de la policía, de la Brigada Político Social. firmado por Eduardo Quintela Boveda.

La que sigue es la declaración de Justo Bueno Pérez en Barcelona a 9 de agosto de 1941. Están presentes el señor Juez y el secretario. Bueno es advertido de que va a prestar declaración y de la obligación que tiene de decir la verdad sobre todo cuanto sepa y sea preguntado. Jura ser veraz en sus manifestaciones y siéndolo por las ejercitaciones de la ley (no hace falta volver a insistir en la presión que se había ejercido sobre Justo Bueno desde el primer día). El documento del sumario recoge:

[...]que se llama como queda dicho [...] vive en Borrell 57, 3º 1º que fue procesado en esta capital en el año 1937, por los cadáveres encontrados en el garaje de la calle Casanovas cerca de la avd. de José Antonio, no habiendo llegado a condenar, por haberse fugado de la cárcel de Manresa, en los primeros días de enero de 1938, marchando a Francia, pasando la frontera clandestinamente, en donde permaneció hasta marzo de 1940, que regresó a España conducido por haber pedido el gobierno rojo la extradición, llegó a Figueras el 12 de marzo del referido año de 1940 y a fines de abril del mismo año fue trasladado a Madrid y puesto a disposición de la Dirección General de Se-

guridad, en esta dependencia solo hicieron su ficha, pasando después al local de la calle Fomento, dependiente también de la referida Dirección General de Seguridad, donde prestó declaración, permaneciendo allí un mes, y posteriormente fue conducido a las Salesas, local designado a los Jueces donde también prestó nueva declaración. Al día siguiente fue trasladado a Carabanchel Bajo, y unos 25 días más tarde fue trasladado a la cárcel de Porlier habiendo salido de esta cárcel el día 30 de julio de 1940.

Preguntado sobre quién ordenó su puesta en libertad, respondió: «que lo ignora, si bien cree que fue según tiene entendido que en aquella cárcel funcionaba una comisión decomisada de excarcelamiento, está comisión, decretó su libertad por no haberse ratificado su prisión, sin que pueda ratificar que esta fue la causa».

Preguntado sobre por quién fue detenido, manifiesta que: «fue detenido en Francia por las autoridades de esta nación, a petición del Gobierno rojo español».

Preguntado sobre si posteriormente estuvo a disposición de cualquier juzgado militar, contesta: «que no y que ahora se le sigue proceso en un juzgado militar, (ignorando la denominación de este) por la causa de los cadáveres encontrados en el garaje de Casanovas de esta ciudad y por el asesinato de los hermanos Ruano».

Preguntado acerca del paradero de José Martínez Ripoll dijo: «que lo ignora, ya que el mismo día que salió en libertad marchó para Barcelona».

Ante la pregunta de si tenía algo más que decir, dijo que no. Firman el documento Justo Bueno y las personas que le hacen las preguntas.

Diversos testigos, aquellos que lo conocen en su vida cotidiana, dicen que Justo Bueno Pérez es una persona de una conducta intachable. Así, por ejemplo, Ángel Bau Urrios, que vive en la calle Ricard 26, 1º 2ª, declara que conoce a Justo Bueno desde hace algún tiempo y lo considera una persona de buena conducta. Ángel Bau era escultor marmolista y dio trabajo a Bueno como peón en su taller desde el 18 de agosto de 1940 hasta el 14 de diciembre de 1940. Firma y certifica este escrito el 24 de marzo de 1944.

Otra de las personas que certifica conocer a Justo Bueno es su vecino Rafael Gambau Farré, de 33 años que vive en la calle Robador 31, 4º3º y dice que conoce a Justo Buenos de 34 años por ser vecino de la escalera y que jugaban juntos cuando eran adolescentes. Lo considera una persona de buena conducta. Firma el 14 de marzo de 1942.

Testifica también a su favor José Arqués, de la Calle Elcano 16, principal, tiene 50 años y dice que conoce a Justo Bueno desde la infancia por ser vecino, que es de muy buena conducta y señala que no era nada separatista.

Seguro que en aquella época vivir en la calle Robador 31 era como vivir en una comunidad. Tanto es así que, a pesar del miedo que el nuevo régimen trataba de generar mediante castigos a las clases pobres y humildes, pese al terror del fascismo franquista, buena parte de los vecinos de la calle Robador, de aquella escalera oscura y estrecha, estuvieron dispuestos a declarar y firmar que Justo Bueno Pérez era una persona como su apellido indica: buena. Y así, los abajo firmantes, vecinos de la calle Robador 31, Juana Conejero Valor, Adela Massbeas Sierra, Julia Martínez Danlean, Paula Varqueño Pantoja, María Navarrete Vargoña, Salvador Navarrete Vargoña, José María Santotomas, Josefa Voert Villanueva, María Reverter Gil, que conocen a Justo Bueno Pérez por vecindad, declaran que es de buena conducta.

También los gerentes de la empresa La Maquinista muestran su sorpresa por la detención de Bueno y dicen: «La Maquinista Terrestre y Marítima. Certifica que el tornero Justo Bueno Pérez, presentado por la oficina de colocación con su pase de buena conducta firmado por el alcalde de Barcelona entró a trabajar en la empresa el 30 de diciembre de 1940 causando baja por detención el 4 de julio de 1941. Firmado el 23 de marzo de 1942».

Otro de los testigos de aquel juicio fue Eduard Bigorra Vall, nacido en Riudecols, Tarragona. Tenía 51 años en 1942 y durante la revolución tenía un bar en la calle San Vicente 9 del distrito quinto. Este declara que conocía a Luis Latorre Mestres y a toda su familia como vecino, y que el trato era buenísimo.

En la declaración de Primitivo Quintana Conde, casado, nacido en Montegicar, Granada, de 43 años, guardia urbano, con domicilio en la calle Ventalló 16, dice que durante el periodo rojo Justo Bueno Pérez fue muy perseguido por pertenecer a la CNT, que era un dirigente de la CNT y sindicalista. El motivo de su persecución fue la negativa a declarar delante de un coronel ruso y fue por ello encerrado en varias cárceles y checas.

El consejo de guerra 27059 se celebró en Barcelona el 17 de agosto de 1943, en la Sala de Justicia del Gobierno Militar, por el Juzgado Militar nº 2, que era eventual. En el banquillo Justo Bueno Pérez y Luis Latorre Mestres (en rebeldía José Martínez Ripoll) son acusados por ser elementos de acción de la CNT-FAI, por haber contribuido a intentar sofocar el Glorioso Movimiento Nacional, por ir voluntarios a la Columna Durruti. Justo Bueno, además, es encausado por ser jefe de investigación de la Columna Durruti, por tomar parte en el asesinato del Jean Moreau, en el de los hermanos Ruano y sus compañeras y por apoderarse del fruto de sus requisas. A Luis Latorre Mestres se le imputa haber patrullado con armas, ser un elemento cenetista, por haber requisado una vivienda en la calle Casanovas y por estar destacado en el garaje de la misma calle donde existe un cementerio clandestino y donde fueron enterradas varias personas asesinadas allí mismo.

En el juicio, Luis Latorre Mestres manifiesta que el 19 de Julio del 36 él estaba viviendo en casa de sus padres. Sí marchó de voluntario en la Columna Durruti, pero niega haber estado nunca en el pueblo de Gelsa dc Ebro. Referente al aviador Moreau, él cree que dicho individuo no ha existido nunca, más bien era una juga-da de los comunistas del PSUC. Dado el giro político que se ges-taba en aquel momento, ellos optaron por refugiarse en Francia. Dice que la única manera de detener a Justo Bueno era pidiendo la extradición. También dice que nunca estuvo en Pina de Ebro.

El fiscal, siguiendo el proceso con el informe policial de Eduar-do Quintela y Pedro Polo, hace una intervención implicando a los procesados en los hechos acaecidos durante la revolución.

El abogado defensor dice que, ya que los asesinatos que men-ciona el fiscal pueden no tener nada que ver con la rebelión, pide para Justo Bueno 30 años de cárcel y la absolución para Luis La-torre Mestres.

Aquel mismo día, por la mañana, el tribunal reunido dicta sentencia contra Justo Bueno Pérez y Luis Latorre Mestres por el supuesto delito de rebelión militar y por ser miembros destacados de la CNT-FAI con anterioridad al Movimiento Nacional, y se les supone que atentaron contra los hermanos Ruano (aunque no se afirma nada, simplemente se supone), que, iniciado el Glorioso Movimiento, se opusieron con las armas, que fueron miembros de la Comisión de Investigación de la Columna Durruti, lo que les dio pie a acabar con la vida de 29 nacionalistas del pueblo de Gelsa (aunque el alcalde fascista en los años cuarenta y los vecinos saben nada al respecto), que en el pueblo de Pina de Ebro se encargaban de recoger las denuncias de los enemigos del Glorioso Movimien-to y que, además, se supone que se dedicaban al saqueo y robo de las personas asesinadas (todo son suposiciones). Continuan con que a la vuelta en Barcelona tenían un cementerio clandestino en Casanovas 29, donde enterraron al aviador francés, a los herma-nos Ruano y a sus compañeras, Carmen y Pilar. Afirman que lo relatado son hechos probados y fallan: «debemos condenar y con-denamos a Justo Bueno Pérez a la pena de muerte y a veinte años y un día a Luis Latorre Mestres, según la Ley de Responsabilidades Políticas de 9 de febrero de 1939».

El 27 de enero de 1944, el Juez Arranz González inicia los trá-mites para la suspensión de pena contra el reo Justo Pérez Bueno por haberse elevado propuesta de indulto a la superioridad, pero el 4 de febrero de 1944, y firmado desde la Capitanía General del Estado Mayor, IV Región Militar, se deniega la petición de indulto y se pide que el cumplimiento de la pena se realice en las primeras horas del 10 de febrero de 1944, en el Campo de la Bota.

En la misma fecha también pasó por el Campo de la Bota el anarquista Alfonso Palau Font, nacido en Jaume dels Domenys, en el Penendés, acusado de pertenecer a la FAI.

Justo Bueno fue enviado al cementerio del Sudoeste para ser inhumano o enviado a la fosa común. Antes, el capitán médico Antonio Vila Coro certificó su defunción. Al día siguiente, 11 de febrero de 1944, empieza la leyenda de uno de los grandes anar-quistas que compartió la ilusión por un mundo mejor.

HORACIO RIPOLL HEREDIA ES JOSÉ MARTÍNEZ RIPOLL

José Martínez Ripoll en los años treinta vivía en el número 50 de la plaza Real. De él ya hemos contado en los diferentes capítulos varias de sus vicisitudes, ahora queremos recordar cuál fue su último retiro.

En el cementerio de Barcelona, en la vía San Jaime 1, agrupación 9, vemos que la tumba 15706 corresponde a Horacio Ripoll Mateu. En aquel columbario hay varias personas, pero vemos que están varios de la familia Fornos Bueno,

Una vez José Martínez Ripoll salió de la cárcel en Madrid en 1941, aunque es probable que volviera a Barcelona creyendo que ya no tendría más problemas con la justicia, seguramente cambió de identidad. Lo cierto es que estaba casado con una de las hermanas de Justo Bueno, pero pudo esquivar y eludir a la justicia franquista y murió, ya en democracia, el 24 de octubre de 1991 en Barcelona. Fue enterrado en un nicho de su propiedad en el cementerio de Montjuïc, donde ya había miembros de la familia Bueno Pérez. Por eso, entiendo que pudo vivir sin hacer demasiado ruido gracias a un cambio de identidad y que fue arropado por su gente hasta el final, tanto que años después las propiedades que dejó estaban a su nombre como cabeza de familia.

CONCLUSIONES

Seguramente, Justo Bueno Pérez fue construyendo un ideario anarquista desde que se afilió a la CNT, desde el momento en que se relacionó con los grupos de afinidad del anarquismo como Ágora, desde que entendió lo que significaban la lucha de clases y las ideas que proclama el anarquismo y por la influencia de la llegada de la República. Sus ideas lo situaron en el ojo del huracán. Los enemigos de los valores anarquistas lo tenían en el punto de mira ya cuando Miquel Badia quería convencer a más de un anarquista de que trabajara junto a él, con los escamots d'Estat Català. Eso es lo que sucedió, por ejemplo, con Josep Martorell Virgili (Aisa *Revista Orto* n.196), que conoció Miquel Badia en la cárcel, donde este último intentó comprar voluntades de quienes estaban por la abolición del estado. La estancia de Martorell en la cárcel coincidió con las detenciones por los hechos de octubre del 34. Allí Martorell, que era entonces considerado el enemigo público número uno de Barcelona, y Miquel Badia, conocido como el capità collons, tuvieron algunas entrevistas y llegaron a conocerse bien. Tiempo más tarde, Badia intento que Martorell se convirtiera en confidente de la policía que él dirigía, pero no fue el caso.

Artis Gener, en su paranoia, construye una historia sobre el asesinato de los Badia en la que implica a varios compañeros libertarios, entre ellos a Justo Bueno. Tan seguros estaban Artis Gener en su artículo y Escofet en sus memorias de que Justo Bueno conducía el coche que después Eduardo Quintela, con quien seguro se entendían bien, se encargó de elevar más la paranoia. Al descubrir que los anarquistas ya habían ido a por Badia en 1935, Quintela no podía permitir que Bueno siguiera en la calle. En cuanto tuvo ocasión, en 1941, le echó el guante y construyó un «caso Badia» en el que Justo Bueno Pérez apretaba el gatillo en la cabeza de Miquel Badia, olvidándose todos de que el juez Márquez Caballero, que instruyó el caso en su momento, entendió que aquella tesis tan desorbitada no tenía fundamento.

La paranoia de Artis Gener probablemente llevó a la muerte al periodista Josep María Planas. Las tesis del artículo de Gener, que tanto trato de terroristas a los anarquistas, encontraron apoyo en Josep María Planas, quien desde otro de los periódicos burgueses de la época criminalizó a los jóvenes anarquistas de ateneos como la Asociación Pro-Cultura Faros. En los primeros meses de la revolución, Josep María Planas se encontraba escondido en un piso de la calle Muntaner cuando salió a la terraza para fumar y unos anarquistas lo vieron. Una vez ubicado, fueron a por él y a por su mala lengua a las pocas horas.

Ignacio de la Fuente era redactor de *Solidaridad Obrera* en 1934. El 31 de agosto de ese año será procesado y encerrado en la Modelo por la publicación de artículos injuriosos junto a Alejandro Gelabert, también redactor de la revista. De la Fuente pudo exiliarse en Francia y en 1947 lo encontramos de delegado del GAP en el congreso en Toulouse del MLE-CNT. Lo mismo ocurre con José Villagrasa Molló, cenetista nacido en Villarhermoso del Río, Castellón, en 1909, del Sindicato del Transporte de la CNT, que en los años 30 ocupó el cargo de tesorero en el Comité Regional de la CNT y frecuentemente formaba parte de la Comisión Jurídica. Estuvo implicado en el atentado Andreu Abelló, presidente del Tribunal Popular, pero pudo escapar de la Modelo el 21 de diciembre de 1937 junto a David García y, seguramente, partir hacia Francia. Como Eduardo Quintela no pudo echar el guante a ninguno de los dos, tuvo que aparcar la versión de Artis Gener y buscar a otros cabezas de turco para cerrar el caso. Y en respuesta al odio acumulado durante generaciones, estos no podían ser sino anarquistas.

Referente a los 29 de Gelsa, en un contexto de guerra y de búsqueda de quintacolumnistas, donde el pueblo, el campesinado, dice y deja de decir, los ajustes de cuentas se prodigan. Ante las denuncias, Justo Bueno y su gente, el Equipo de Investigación, tienen que mediar, hacer de árbitros, descubrir al encubridor y comprobar al delatado, que de noche es quién delata, pero también al quintacolumnista que de noche señala al otro bando los puntos débiles de las defensas propias. Además, recuérdese que el propio alcalde falangista durante los años cuarenta no tiene ni idea de quién es Justo Bueno. Es pues, la de Gelsa, una noticia que se coge por los pelos, y sería bueno, para empezar, saber quién señala a quién y qué grado de culpabilidad hay en aquellos que señalan al uno o al otro, y encontrar la responsabilidad, si es que la hay, sobre todo en un contexto de guerra civil.

Pero las cosas no quedan ahí: está Jean Moreau, el piloto francés, y las incongruencias entre unos y otros, con mil versiones, incluida la final de Luis Latorre Mestres, quien dice que Moreau no existió; y el cementerio clandestino de la calle Casanovas 29, que forma parte de aquel despropósito que se vivió, sobre todo a partir de mayo de 1937, cuando ya no existían dos bandos en la zona republicana, sino infinidad de bandos y traiciones, cuando salió a relucir lo peor de las personas.

Y lo que pienso tanto de Justo Bueno Pérez como de Manuel Escorza del Val es que eran personas estrictas y fieles a sus ideas y que llevaron a la práctica su visión del anarquismo sin un ápice de contradicción hasta el final. Por eso, hasta con sus mejores amigos, podían darse situaciones difíciles de gestionar, como en el caso de Joaquín Ascaso y Antonio Ortiz o el de los hermanos Ruano y el malestar de sus compañeros de la Columna Durruti. Enderezar ciertas historias no es fácil, pero, en definitiva, éstas son producto de un tiempo de conflictividad en que a veces la razón se ve desbordada y la vida se vuelve insoportable hasta que regresa la cordura de un tiempo que pudo haber sido: un tiempo de revolución, alegría y de realización de sueños. Pero, sobre todo a partir de mayo de 1937, fue un tiempo de pesadilla del que seguramente todavía no acabamos de despertar. Por el momento habrá que esperar a que otras generaciones, en algún lugar, lo intenten de nuevo.

La historia, una vez más, refleja el odio al diferente, el odio de clase, que en estas tierras y en aquel momento, como en otros, no se quiso gestionar de una manera eficaz. La gran mayoría de los obreros, y entre ellos incluyo a Justo Bueno, solo quería vivir dignamente de su trabajo, pero se sintió engañada, manipulada y vejada. A partir de ese momento la lucha de clases se acentuó.

Bueno fue extraditado por el caso de Jean Moreau, pero, ya en manos de Eduardo Quintela, se le construye un currículum de la venganza que generaciones posteriores han toma por verdadero. Obsesionado, Quintela, amigo y compañero de Miguel Badia, reconstruyó los hechos del asesinato de los hermanos Badia para inculpar a a Justo Bueno, y el resto de los acontecimientos que marcan su vida no tienen ya importancia para la justicia franquista en Barcelona. Bueno nunca fue juzgado, siempre que estuvo preso conoció la cárcel gubernativamente, salvo en 1942, cuando Quintela le preparó la emboscada final.

Manel Aisa Pàmpols
junio de 2024

REFERENCIAS

Aisa Pàmpols, Manel (2014). *La Huelga de Alquileres y el Comité de Defensa Económica*. El Lokal

Aisa Pàmpols, Manel *Revista Orto* n.196

Aisa Pàmpols, Manel (2017). *Tras las huellas de una vida generosa: Aurelio Fernández Sánchez y los Solidarios*. El Lokal

Amorós, Miquel (2006). *Durruti en el laberinto*. Muturreko.

Andrés Edo, Luís (2007). *La CNT en la encrucijada. Aventuras de un heterodoxo*. Flor del viento

Bembo, Max (1914). *La mala vida de Barcelona*. Maucci.

Berruezo Silvente, José (1986). *Por el sendero de mis recuerdos (1920-1939)*. Grupo de Historia José Berruezo.

Capmany Sans, Dani (2024). *Quemar a Troncoso. Inteligencia libertaria durante la Guerra Civil española*. Piedra Papel Libros

Gallardo, Juan José, y Marquez, José Manuel (1999). *Ortiz: General sin Dios ni amo*. Hacer.

García-Alix, Carlos (2007). *El honor de las injurias*. Taric.

García Oliver, Juan (1978). *El eco de los pasos*. Ruedo Ibérico.

Guillamón, Agustín (2014). *Justo Bueno (1907-1944)*.

Martín Ramos, José Luís, y Tarradellas Josep (2011). *Ordre Públic i violència a Catalunya (1936-1937)*. DAU

Paz, Abel (1978). *Durruti: El proletariado en armas*. Bruguera.

Vázquez Osuna, Federico (2015). *Anarquistes i baixos fons*. L'Avenç.

Villar, Paco (1997). *Historia y leyenda del Barrio Chino (1900-1992)*. La Campana.

Sumario 27059, Causa General

El Diluvio, 15 de diciembre de 1933.

Heraldo de Tortosa, 4-4-1933.

La Publicidat, 15 y 16 de diciembre de 1933.

La publicitat, 15 abril de 1934.

La publicitat, 18 de septiembre de 1936.

La Rambla, 1 de julio de 1936.

Revista Orto, n. 196 . Josep Martorell Virgili en el 106 aniversario de su nacimiento. https://revistaorto.net/blog/2020/04/07/josep-martorell-virgili-en-el-106-aniversario-de-su-nacimiento/

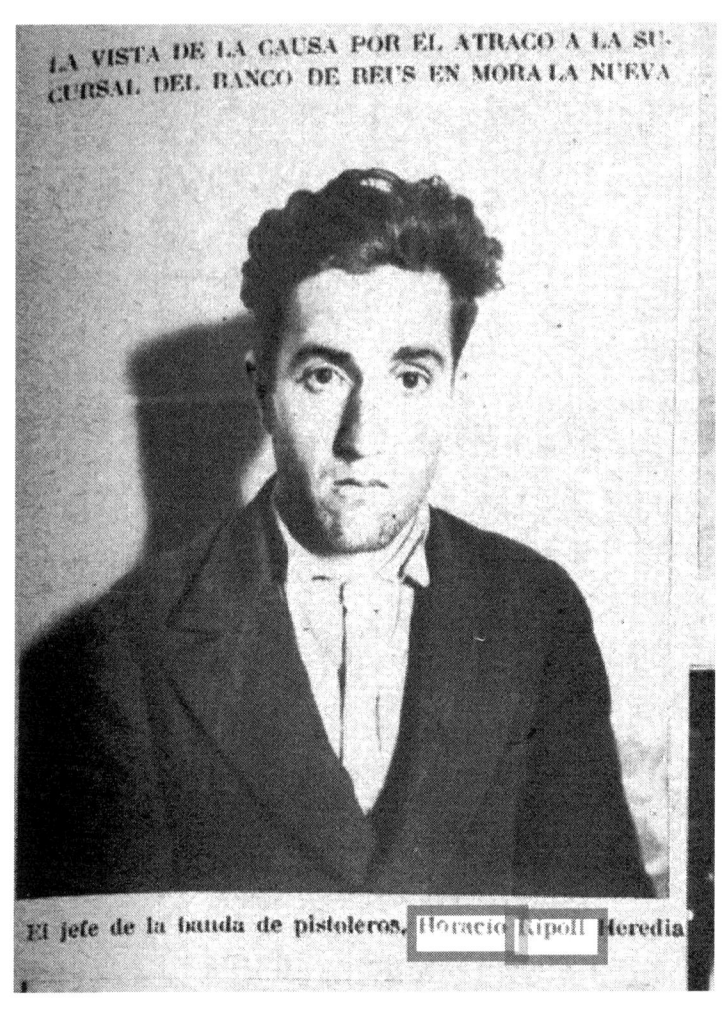

José Martínez Ripoll, principio de los años treinta

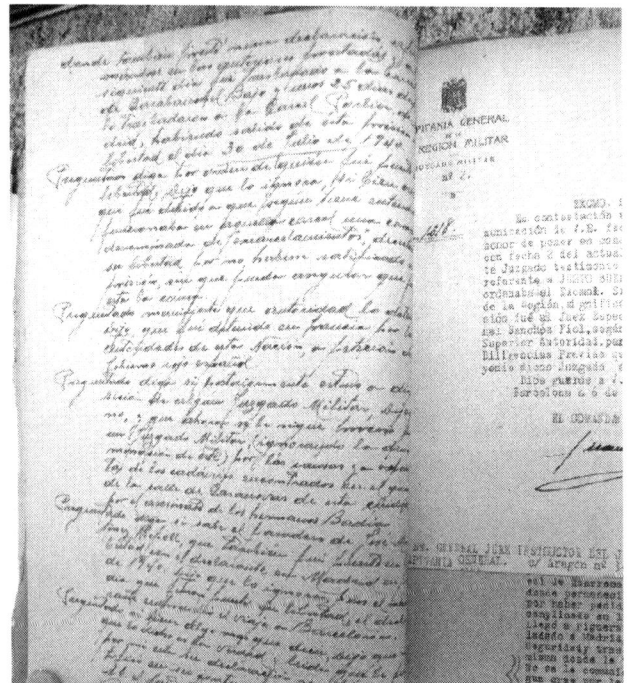

Declaración de Justo Bueno

Justo Bueno en Montjuïc   Local ocupado por ER en el ensanche de Barcelona, 1936

Batalla de Barcelona 19 de Julio de 1936, Ronda Universidad

Firmas de los vecinos en el dossier policial avalando a Bueno

Justo Bueno Pérez

La Toma de Siétamo por las Columnas Libertarias 1936

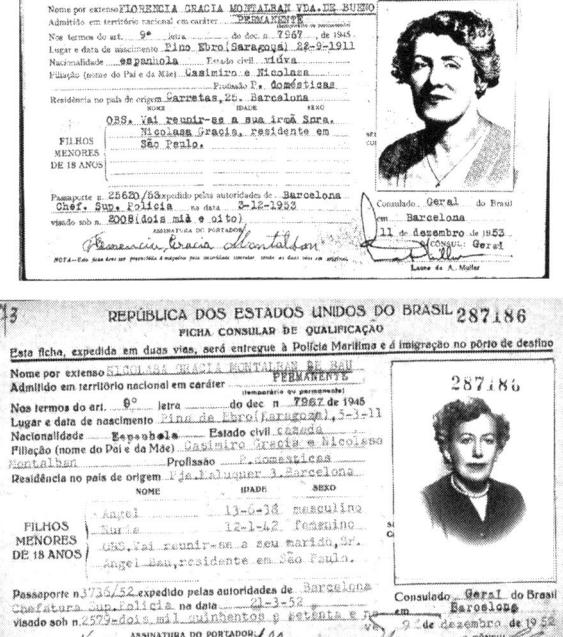

Documento de emigración de Florencia Gracia y su hermana Nicolasa
en Brasil

Trinchera de la Columna
Durruti en el frente de Aragón
en 1936

Sumario de Justo Bueno en
1937

Atarazanas de Barcelona después de la batalla del
20 de julio de 1936